경건에 이르기를 연습하라

경건에 이르기를 연습하라

전 용 복   목 사

머리말

온 세계에 웰빙의 바람이 거세게 불고 있다. 잘 사는 것은 인간의 가장 기본적인 욕망이다. 그런데 그 웰빙은 주로 물질적, 육체적인 것이다. 우리는 정신적, 영적 웰빙을 추구해야 한다. 그것은 하나님과 바른 관계를 가지고 깊은 교제를 할 때 가능하다. 그것이 바로 참된 경건, 영성이다.

지금 온 세상에 명상의 불길이 맹렬히 타오른다. 명상종교, 각종 명상 그룹들은 상업적인 것과 결부되어 번창하고 있다. 그것은 현대의 속도, 변화, 복잡에 대한 반작용으로 일어나는 현상이다. 도무지 적응 못할 정도로 빠른 변화는 인간에게 심각한 문제를 야기시킨다. 사람들은 이제 빠른 것을 사양하고, 느림을 추구한다. 느림과 단순함을 찾는 사람들이 명상으로 기울어지고 있다. 그런데 이런 일반 명상은 다 하나님을 찾는 것이 아닌 심리적 차원이며, 대부분이 범신론적이다. 그러니 우리 신자는 이런 시대를 맞이하여 더욱 하나님의 말씀을 음미하고 하나님을 찾는 묵상을 하고, 하나님과 연합하여 깊은 교제를 나누므로 평강을 누리는 더 깊은 세계로 나가야 한다. 이것이 바로 참된 경건, 영성을 이루는 가장 빠른 길이다.

그래서 나는 이 문제를 "묵상과 평강"이라는 주제로 다루어 책을 내었다. 일반 명상, 기독교의 묵상, 관상을 소개하는데 힘썼다.

 그런데 이러한 문제는 이론적 이해도 중요하지만 실행이 그에 못지않게 중요하다. 만일에 실행을 않는다면 아무리 많이 알아도 별 유익이 없다. 그래서 실제적 안내가 절실히 필요하다고 생각되어 본서를 그 안내서로 내놓는다.

 아무쪼록 본서를 읽는 모든 분들이 본서를 참고하여 묵상에 힘쓰므로 하나님을 만나고 평강을 누리는 복된 삶을 이루시기를 간절히 바란다.

2008. 7. 1
황매산 기슭에서

전용복 목사

차 례

머리말

Ⅰ. 미리보기

1. 묵상이란? ································ 11
2. 각별히 유의하라 ························ 13
3. 잡념을 없애고 몰두하기 ················ 17
4. 관상기도란? ···························· 20
5. 관상으로 가는 길 ······················· 23
   * 주님을 마음에 모시기 위한 단순 묵상기도 – 32
6. 경건에 이르기를 연습하라 ············· 35

Ⅱ. 경건 연습

1. 매일 성경 묵상 ························· 41
2. 4일간의 묵상 – 주님에 대한 묵상 ······ 42
3. 4일간 특수 묵상 ························ 95
   (1) 강림절 : 예수님의 탄생, 생애 묵상 – 95
   (2) 고난주간 : 예수님의 고난 묵상 – 96

(3) 성령강림절 : 성령 대망 묵상 – 99
　　　(4) 감사절 : 감사 묵상 – 105
　　　(5) 연초 : 새 출발 묵상 – 111
　　　(6) 한더위 : 휴식 묵상 – 120
　4. 8일간의 묵상 ··· 128
　5. 14일간의 묵상 ··· 129

부 록
　1. 성령의 역사, 악령의 역사································ 133
　2. 영이신 하나님을 보려고 하지 말라 ···················· 138
　3. 관상적 삶과 활동적 삶의 조화 ························· 139
　　　* 새로운 삶으로 열매를
　4. 금욕(금식) ··· 144
　5. 관상 송 ··· 145

바위 틈서 나온 소나무 1

I. 미리 보기

10 경건에 이르기를 연습하라

바위 틈서 핀 철쭉

1. 묵상이란?

　소는 풀과 다른 먹이를 먹는다. 그 후 가만히 앉아서 되새김을 통해 이미 먹은 것을 다시 씹는다. 그리고 반복하는 과정에서 입을 천천히 움직인다. 이렇게 하여 소는 이미 먹은 것을 완전히 소화시킬 수 있고, 그 소화된 음식은 부드러운 우유로 변하게 된다.
　묵상기도도 마찬가지다. 묵상을 통해 진리가 입에서 머리로, 그리고 마음속으로 들어가게 된다. 마음속에서 믿음으로 충만한 사랑의 반응을 기도로 표현하게 된다.
　명상은 사전에서 "고요히 눈을 감고 깊이 생각함, 또는 그 생각"이라 하였고(한국어 사전, P.754), 묵상은 "말없이 조용히 생각함, 캐토릭에서 말없이 마음속으로 기도 드림을 이르는 말"이라 하였다(동아, 국어사전, P.805). 보통 일반적으로 명상이라 하고, 기독교서는 묵상이라 한다. 영어로는 다같이 Meditation이다.
　묵상은 말씀을 깊이 생각하면서, 그 말씀이 우리에게 이야기 해주는 것을 들으면서 거기에 천천히 응답하는 것이다. 예배, 영적 갱신, 정신적 원기회복, 하나님과의 교통에서 가장 가치 있는 행위이다. 그런데 기독교 전통과 신앙의 입장에서 볼 때, "묵상은 기도의 한 형태"이기 때문에 "묵상기도"와 동의어로 사용된다.

"묵상기도는 사고력, 상상력, 감정, 의욕을 동원하는 탐색적인 기도이다. 묵상의 목적은 우리네 삶의 현실과 대비시켜 고찰한 주제를 신앙을 통해 우리 것으로 만드는 것이다." "묵상기도란, 자기가 하나님에게 사랑을 받고 있다는 것을 알면서, 그 하나님과 단둘이 자주 이야기 하면서 사귀는 친밀한 우정의 나눔이다" 그러므로 사랑하는 임과 함께 있다는 것만으로 만족을 느끼며 나누는 마음과 마음의 대화, 즉 언어까지도 필요 없음을 의미하는 사랑의 관계가 바로 묵상기도라 할 수 있다(하인, 영성생활, P.102).

묵상을 할 때 우리는 토마스 아켐피스가 말한 대로 "예수님과 친한 친구 관계"가 된다. 우리는 예수님의 빛과 생명 속으로 들어가 그 자체를 친히 즐긴다. 하나님의 영원한 임재가 교리에서 현실로 변화된다. "그가 나와 함께 걸으시며 나와 함께 말씀 하신다"는 말이 절로 나온다.

묵상할 때에 우리는 정서적, 영적 공간을 만들어 그리스도께서 마음속에 성소를 건축하실 수 있게 한다. "볼찌어다. 내가 문 밖에 서서 두드리노니"(계3:20). 우리는 주님께서 우리와 함께 먹고 함께 대화하기를 얼마나 원하시는가를 알아야 한다. 주님은 우리 마음속 성소에서 영원한 성찬을 하기 원하신다. 묵상이 이 문을 열어준다.

이런 유의 내적 임재는 우리의 속사람을 변화시킨다. 속에서 영원한 불길이 타오르면 변하지 않을 수 없다. 하나님의 불이 부정한 모든 것을 태우기 때문이다. 그러면 우리는 주님이 원하시는 거룩한 길을 기쁨으로 갈 수 있다.

2. 각별히 유의하라

우리가 묵상을 함에 있어서 각별히 유의할 것들이 몇 가지가 있다.

(1) 상상력의 활용

성경을 지적으로 이해하는 것은 매우 중요하다. 그러나 감정적으로 그 말씀을 느끼지 못한다면 그것은 성경을 온전히 이해한 것이 아니다. 추상적인 묵상만으로는 하나님을 체험하기 어렵다. 우리는 감각에 더 깊이 뿌리를 내려야 한다. 감각은 성경을 접할 때 유용한 도움이 된다. 우리는 성경의 사건을 보고 듣고 만지기를 원한다. 그럴 때 그 이야기 속에 들어가 그 사건을 자신의 것으로 만들 수 있다.

우리는 상상을 통해 그것을 할 수 있다. 예수님도 이 방법을 강조하셨다. 많은 신앙의 대가들도 이러한 방법으로 우리를 격려한다.

상상력은 어떤 사건의 본질을 이해하게 하고, 나아가 우리의 생각을 고정시키고 주의를 집중하는데 도움을 준다.

바다의 냄새를 맡으라. 해변의 파도 소리를 들으라. 무리들을 보

라. 머리에 비치는 태양과 뱃속의 굶주림을 느끼라. 공기 속의 소금기를 맛보라. 그의 옷자락을 만지라. 이것에 대해 알렉산더 화이트는 이렇게 권고한다. "진실된 그리스도인의 상상은 예수 그리스도를 그의 시야에서 결코 벗어나게 하지 않는다 ……. 당신은 신약을 편다 ……. 그 순간 당신은 상상을 통하여 그 현장에 있는 그리스도의 제자들 가운데 하나가 된다. 그리고 그의 발 아래 앉는다" (Whyte, Lord, Teach us to Pray, pp, 249, 250).

「우리는 수동적인 구경꾼이 아니라 적극적인 참여자로 이 이야기에 들어간다는 것을 기억하라. 또 그리스도께서 늘 우리와 함께 계시면서 우리를 가르치시고, 치료하시고, 용서하신다는 것을 기억하라. 알렉산더 화이트는 이렇게 말한다. "당신은 거룩한 기름을 부음 받은 당신의 상상력을 가지고 신약을 다시 펼친다. 당신은 어떤 때는 세리가 되고, 어떤 때는 탕자가 되며……. 어떤 때는 막달라 마리아가 되고, 어떤 때는 뜰에 있는 베드로가 된다……. 그리하여 신약성경 전체가 모두 당신의 자서전이 된다"」(앞의 책, P, 251).

그런데 상상력은 신뢰할 수 없고, 악한 자에 의해 잘못 사용되어질 수 있다. 그러나 안심해도 된다. 하나님은 인간의 다른 기능과 마찬가지로 상상력을 구속하시고, 그것을 하나님의 나라를 위해 사용하신다.

(2) 하나님의 음성을 갈망

우리는 간접적인 메시지를 듣기 좋아하는 경향이 있다. 직접 들는 것을 두려워한다. 그래서 시도하지 않는다. 그러나 묵상을 우리로 하여금 우리 자신이 살아계신 하나님 앞에 나아갈 것을 요구하며, 하나님께서 지금 말씀하고 계시고, 또한 우리에게 말씀하기를 원하신다는 사실을 우리에게 가르쳐준다.

성경은 묵상이 종교전문가들만의 것이 아니라 모든 사람들을 위한 것임을 분명히 말씀한다. 예수 그리스도를 주님으로 모시는 모든 사람들은 하나님의 보편적인 제사장이 된다. 그러므로 그들 모두는 지성소에 들어갈 수 있고, 살아계신 하나님과 대화할 수 있다. 우리는 하나님의 음성을 들을 수 있다. 하나님을 현재의 스승과 예언자로 아는 모든 사람들은 하나님의 음성을 들을 수 있다. 우리는 하나님의 음성을 듣기를 원하는 소원을 가져야 한다. 그 소원은 은혜의 선물이다.

그런데 이 문제에 있어서 우리가 주의할 것이 있다. 우리는 우리 내면의 소리를 하나님의 음성으로 착각할 수 있고, 때로 마귀가 하나님의 음성을 가장할 수 있다. 그러나 염려하지 않아도 된다. 참으로 하나님을 갈망하는 성도는 성령과 말씀의 조명으로 능히 분별하게 될 것이다.

(3) 들은 후 순종하기

기독교의 묵상은 간단히 말하면 하나님의 음성을 듣고, 그의 말씀에 순종하는 능력이다.

예수께서 오셔서 하나님 나라를 가르치시고, 그 나라의 삶이 어떠한가를 본보여 주셨다. 그것은 모든 일에 하나님의 말씀을 듣고, 항상 하나님을 순종하는 것이었다. 주님은 혼자 있는 묵상을 통하여 계속 하나님 아버지의 음성을 듣고, 그 음성을 삶으로 실천하고 죽기까지 복종하는 삶을 사셨다.

주님은 부활하셔서 지금 이 세상에서 일하고 계신다. 그분은 대제사장으로 우리를 용서하시고, 선지자로 우리를 가르치시고, 왕으로 우리를 다스리시고, 목자로 우리를 인도하신다. 주님은 우리를 통하여 계속적으로 자기의 구원역사가 이루어지기를 원하신다. "방해 받지 않는 교제 가운데 그의 임재 안에서 살라." 만일 우리가 하나님의 음성을 듣는 것을 즐기고 그것에 만족하고 만다면 하나님은 매우 실망하시고 슬퍼하실 것이다. 우리는 듣기를 즐기고 순종을 즐기므로 하나님을 즐겁게 하는 주님의 제자가 되자.

3. 잡념을 없애고 몰두하기

우리는 정신을 집중하여 묵상하려고 할 때에 많은 잡념이 일어나는 경험을 많이 한다. 이 잡념은 묵상의 가장 큰 훼방꾼이다. 우리가 정신을 가라앉히려고 할 때에 여러 종류의 사고들이 떠오른다. 그것은 첫째, 상상으로 하는 공상 – 우리의 상상력의 끊임없는 활동으로 만들어지는 피상적 사고들. 둘째, 정서적으로 흥미를 줄 때 떠오르는 사고들. 셋째, 신학적 성찰이나 심리적 개안처럼 보이는 것들. 넷째, 자아성찰 – 자신 안에 일어나고 있는 것에 대해 대단하다고 생각하여 성찰코자 하는 욕망. 다섯째, 내적 정화 시 깊은 내면으로부터 자신도 잘 알 수 없는 어떤 생각들이 떠오름 등이다.

그런데 이러한 모든 생각들은 그것이 그 자체로는 아무리 고상하고 영적이다 할지라도 묵상하여 하나님을 만나고 그분의 음성을 들으려고 하는데 방해가 되는 잡념일 뿐이다. 그러므로 우리는 그 모든 것을 물리쳐야 한다. 그런데 그것을 물리치기는 쉽지 않다. 그것은 우리 속에서 끊임없이 일어난다. 그리하여 우리의 묵상을 방해한다. 만일 우리가 이 잡념을 물리치지 못한다면 우리는 묵상에서 실패하게 되고 우리의 영은 방황하게 될 것이다.

불교에서는 온갖 잡념이 일어날 때 그것에 집착하지 말고 그저 흘려보내라고 한다. 강물에는 여러 가지 오물이 떠내려가게 마련인데, 그와 마찬가지로 우리의 강물에서 그 잡념들을 흘려보내면 된다고 한다. 그리하려면 적어도 20분은 지나야 된다고 한다.

이제 우리는 잡념을 물리치는 기독교적 방법을 생각해보자.

먼저 향심기도의 방법이다. 향심기도는 우리가 모든 잡념으로부터, 그 외의 모든 방해요소로부터 빠져나와 내적 의식의 흐름으로 들어가 거기 계시는 하나님을 만나게 한다. 우리는 모든 생각을 심지어 아주 신앙심 깊은 생각까지도 의식의 강에 떠내려 보내고 강 자체(내면의식)에 주의를 집중해야 한다. 이렇게 하기 위해서는 편한 자세로 눈을 감고 하나님을 향하여 마음을 열어야 한다. 거룩한 단어(한 두 음절)를 정하고 기도 중 무슨 생각이 일어날 때마다 그 단어를 가볍게 의식 속에 떠올린다. 이것은 마음을 주님께로 향하는 것이 그 목적이다. 딴 생각이 일 때마다 그 단어를 떠올리라. 이것은 그 단어를 넘어서 그 단어가 가리키는 분, 궁극적 신비, 주님의 현존과 일치하기 위한 방법이다. 이렇게 함으로 우리는 우리 자신을 주님께 맡긴다. 대부분의 사람들은 20~30분이면 여러 가지 잡념을 넘어서 내적 고요를 이룬다.

그 다음에 우리는 마음을 하나님께로 향하면서 직접으로 모든 잡념을 제거해 달라고 간구하는 것이다. 우리의 마음을 열고 주님을 간절히 사모하는 열정을 보이면서 하나님의 직접적인 도우심을 간구하는 것이다. 하나님은 우리의 마음을 다 아시고 다스리시고 조정하시고 치유하기도 하신다. 우리가 간절하기만 한다면 하나님은 즉시로 모든 잡념을 제거하여 우리의 마음이 자기와 연합하게 하실 것이다. 성령으로 찾아와 우리의 마음을 어루만져 오직 하나님만 갈망하는 마음이 되게 하고 자기와 하나 되게 하실 것이다.

4. 관상(觀想)기도(Contemplation)란?

 '묵상'과 '관상'은 종종 상호 교환할 수 있는 말로 쓰인다. 이해할 만하다. 비슷한 점들 때문에 이 두 기도를 같은 것으로 생각하기 때문이다. 묵상과 같이 관상도 우리 자신을 하나님의 손안으로 밀어 넣기 때문에 하나님이 우리의 태도나 인식, 행동을 변화시키는 것과 상관이 있다. 관상도 묵상처럼 하나님의 말씀을 주의 깊게 듣는 것과 관계가 있다. 그리고 관상도 우리의 심령을 비추는 하나님과 그분의 권능의 말씀에 우리 자신을 열 수 있도록 고요함을 요구한다.

 그러나 묵상과 관상은 서로 다른 점이 있기에 구분된다. 그러므로 우리는 이 두 기도를 혼동하면 안 된다. 토마스 머턴(Thomas Merton)은 이에 대해 한마디로 말했다. "관상은 사랑의 완성 이상의 그 무엇도 아니다." 또 다른 사람들이 정의하는 것처럼 관상은 애정 어린 관심이 깃든 기도, 애정 어린 집중기도, 집중의 기술, 그리고 하나님과 그의 세계에 대한 애정 어린 집중을 말한다. 짐 보스트는 "관상이란 사랑 안에서 성장함에 대한 것이다. 만약 관상 사역을 진지하게 여긴다면 우리는 하나님의 사랑이라는 주제를 벗어날 수 없을 것이다. 그 사랑은 우리를 비롯한 모든 사람, 모든 피조물을 향한 고갈되지 않는 하나님의 사랑이다. 관상이란 당신 존재의 깊은 곳에서 하나님을 완전히 알고 사랑하는 것이다"라고 하였다.

관상은 묵상보다 더 멀리 그리고 더 깊게 들어가는 것이다. 묵상하는 사람은 하나님의 말씀에 대해 이야기하고 생각하지만, 관상하는 사람은 모든 기도의 중심이시며 살아있는 말씀이신 예수님께 침묵으로 집중한다. 사실 관상은 한 단계 더 들어간다. 관상은 단어나 상징이나 개념을 넘어 그것들이 말하는 실체에 다가가는 것이다.

흔히 기도를 하나님과 기도자의 상호작용으로 설명할 수 있다면 관상기도는 이런 상호 작용보다는 하나님의 일방 작용으로 설명할 수 있다. 어떤 생각이나 근심, 걱정, 심지어 기도제목에서도 분리되어 하나님과 기도자가 직접 대면하여 기도하는 것이기 때문에 일반적으로 직관의 기도라고도 한다. 관상기도는 자신의 모습은 버리고 하나님의 임재를 기다리며, 하나님과 사랑의 일치를 목표로 깊은 묵상과 관조를 통해 하나님을 바라보고 하나님 안에 머무는 기도이다.

어거스틴이 "주여 나에게 당신 자신을 주옵소서. 당신 가슴속 은밀한 곳에 숨게 하소서"라고 기도하였던 것처럼, 하나님과 친밀한 사귐을 체험할 때는 우리 안에 내재하시는 하나님의 존재만이 본질적인 것임을 깨닫는다. 관상자에게 있어서 하나님은 도달해야 할 목적이라기 보다는 삶의 주체요 내용이며 생명의 원리가 되기에 이른다.

관상기도는 주님과의 일치를 이루는 상태로 이끌어주는 일련의 경험, 주님이 그 안에서 무엇이든지 할 수 있는 세계, 성령이 우리 안에서 기도하시고 우리는 그 기도에 동의하는 것, 성령이 참 자아인 우리의 내면에서 우리의 양심에 말씀하는 것, 그리스도와의 대화를 넘어서 그분과의 통공으로 나가는 움직임, 우리가 주님의 언어인 침묵에 습관들이는 것, 우리의 마음과 가슴을 주님께 들어 올리는 것, 이것은 거짓자아로부터 이탈, 자기부정이다. 예수님의 신성이 우리를 감싸고 성령으로 말씀하는 것이다.

5. 관상으로 가는 길

그러면 관상기도는 어떻게 하는가? 관상으로 가는 길은 어떤 것인가?

그런데 중요한 것은 방법보다 관상이 무엇이냐 하는 것을 바르게 이해하는 것이다. 관상기도에 대하여 올바른 태도를 가지고 있으면 방법은 그리 중요하지 않다. 어떤 방법으로 하든지 간에 우리가 올바로 이해하고 온전히 맡기기만 하면 관상기도가 된다. 왜냐하면 우리의 열망을 보시고 우리를 관상에 이르게 하시는 분은 주님이시기 때문이다. 관상기도는 내가 하는 것이 아니라 주님이 해주시는 기도이다.

관상상태는 우리가 주님과 일치하고 있다는 의식을 항상 유지하는 상태다. 관상기도는 이런 상태를 유지하도록 도와주는 기도이다. 이것은 기술이 아니라 주님과의 일치를 도와주는 수련이다. 관상기도는 어디까지나 주님이 해주시는 기도이기에 습득하는 기술이 아니라 은총을 받아들이는 수련이다.

그러나 옛날부터 많은 영성가들에 의하여 많은 방법이 시도되었다. 우리는 이러한 방법을 우리의 것으로 활용하여 관상에 이르는 지름길을 삼을 수 있다. 그런데 우리는 그에 앞서 준비가 필요하다. 그 준비는,

㉠ 금식, ㉡ 그리스도께 정신을 집중, ㉢ 성령께 구함, ㉣ 하나님이 계심을 인식함, ㉤ 하나님의 은총이 아니면 죄인의 상태에서 벗어날 수 없음을 자각함, ㉥ 공동체생활훈련, ㉦ 정직훈련 등이다.

이제 우리는 관상으로 나아가는 길을 생각해 보자.

㉠ 예수님의 이름을 부르는 기도

이 기도는 초대교회 시리아 수도자들이 많이 한 기도다. 그것은 늘 "예수님, 주님"을 입으로나 마음속으로 반복하는 것이다. 기도할 때나, 길을 가거나, 일을 하거나, 어느 때든지 계속한다. 그러다 보면 마음이 단순해지고 가슴이 순수해지며 성령의 열매가 싹트고 자라면서 관상적 삶을 살게 된다.

* 적용 : 주님을 마음에 모시기 위한 단순 묵상기도.
　　㉮ 하나님의 이름 부르기

㉡ 정감적 기도 혹은 능동적 기도

정감적 기도(effective prayer) 혹은 능동적 기도(active prayer)는 여러 음절로(5-9음절, 우리말로는 9-15음절) 엮이진 기도를 늘 반복함으로써 언제나 이 기도가 가슴 속에 계속되게 하는 기도다. 이 기도는 주님에 대한 사랑, 감사, 탄식, 찬미를 나타내기 때문에 정감적 기도라고 한다. 그리고 수동적인 다른 기도에 비해 자신이 능동적으로 한다는 점에서 능동적 기도라고 한다. 일찍이 동방교회에서 "주님, 이 죄인을 불쌍히 여기소서"라는 기도를 "예수

기도"라고 하면서 계속하였다. 러시아의 이름 없는 순례자는 이 기도로 마음에 평화를 얻고 초연한 삶을 살았다. 베네딕트수도원에서는 모든 기도의 앞에 "주님, 어서 오시어 나를 도와주소서. 주님, 빨리 오시어 나를 구해주소서"라는 기도를 하였다. 이러한 기도의 예는 많이 있다.

- 주여, 오시어 저를 도우소서(주여, 오소서, 도우소서).
- 주님, 빨리 오시어 저를 구해 주소서.
- 주님, 구원 하소서, 형통케 하소서.
- 나의 사랑 안에 머무소서.
- 나의 하나님, 나의 모든 것.
- 나의 예수님, 자비시여.
- 주님, 자비를 베푸소서(주여, 불쌍히 여기소서).
- 성령이여, 오소서.
- 하늘 높은 데서는 하나님께 영광.
- 하나님의 어린양, 저희에게 평화를 주소서.
- 주님, 저는 당신의 것입니다.
- 주님, 저를 거룩하게 하소서.
- 주님, 저의 모든 것을 받으소서.
- 내 영혼아, 주님을 찬미하라.
- 주님의 사랑에 저의 마음을 열어드립니다.
- 주님, 저를 당신께 드리나이다.
- 마음속에는 주님의 평화, 얼굴에는 사랑의 미소.

* 적용: 주님을 마음에 모시기 위한 단순 묵상기도.
㉮ 성경으로 기도하기 ㉯ 구호적 기도

㉓ 영으로 숨쉬기

㉔ **무지의 구름(The cloud unknowing)**

　14세기 영국의 무명작가가 쓴 '무지의 구름(The cloud of Unknowing)'에 소개된 방법입니다. 이 저자는 가급적 아주 짧은 단어를 사용하여 자신의 하나님에 대한 사랑과 믿음을 탄식하는 마음으로 하나님께 올리라고 말합니다. 기도어는 한 단어로 하되 한 음절이면 더욱더 강하게 하나님께 올릴 수 있으며, 인간의 감각과 지력과 상상과 언어를 넘어선 무지의 구름을 뚫고 하나님을 만날 수 있다고 가르칩니다. 이 '무지의 구름'의 방법을 현대어로 발달시키고 기도하기 쉽도록 체계화한 것이 향심기도입니다(엄무광, 관상기도의 이해와 실제, p.87).

　이 '무지의 구름'은 위-디오니시우스의 '어두움'이며, 십자가의 요한의 '밤'(어두움)이다. 이것은 인간적인 것들의 입장에서 볼 때 어두움이다. 이것은 인간적인 것들을 초월하는 아주 찬란한 것이다. 바로 주님을 만나게 되는 그 순간이다.

㉕ **향심기도**

　향심기도는 1975년에 미국의 트라피스트수도원 원장 토마스 키팅이 주도하고 바실 페닝톤과 윌리엄 메닝거가 협동하여 창안한 기도이다. 영적으로 목말라하는 사람들을 위하여 무지의 구름의 방법을 현대화하고, 십자가의 요한의 가르침을 도입하여 체계적으로 발전시킨 것이다. 그리고 이것은 현대과학 특히 심리학의 도움을 받고, 동양 명상의 긍정적인 면의 도입을 시도하여 현대인이 수련하기 좋도록 하였다. 향심기도는 관상을 방해하는 요소를 제거하여 관상할 수 있도록 준비시켜주는 기도이다. 이 기도는 주의 집중이나 노력으로 하는 기도가 아니라 아주 수용적인 기도이다. 하나님께서 주시는 은총과 선물을 받아들이는 기도이다.

「이 기도는 자신에게 맞는 짧은 기도 어(한 음절 혹은 두 음절로 되어 있으며 거룩한 단어라고도 합니다. 예: 예수, 주님, 하나님, 아버지, 성령님, 평화, 사랑 등)를 성령의 도움을 받아 선택한 후, 침묵 속에서 자신의 의식 속에 살짝 이 기도어를 도입함으로써 기도를 시작하며 기도 중에 어떠한 영상이나 감각, 상상이나 생각, 감정, 등 잡념이 자신의 의식 속으로 들어온 것을 알아차리면 그 기도어로 즉시 아주 부드럽게 돌아가도록 되어 있는 아주 단순한 기도입니다. 그러므로 누구나 마음만 먹으면 할 수 있습니다. 이 기도어(prayer word 혹은 sacred word)는 '내 안에 하나님께서 현존하시며 활동하시는 것에 동의한다' 는 것을 상징하는 것이며, 이 기도는 이러한 지향을 하나님께 보여드리는 기도입니다. 이렇게 하나님께 마음과 가슴을 열어드리고 나를 내어드리면서, 하나님께서 내 안에서 현존하시고 활동하실 것에 동의한다는 나의 지향을 하나님께 보여드리면, 하나님께서 나의 성화와 인격 성장에 필요한 정화의 일을 해주십니다. 즉 깊은 상처들을 치유해 주시면서 나를 변형시켜 주시어, 결국 하나님과 일치시켜 주시는 것입니다(앞의 책, pp, 88,89).

ⓓ 거룩한 독서(Letio Divina)

초대교회 베네딕트수도회에서 '거룩한 독서'를 수도생활의 중심으로 삼았다. 이것은 성경을 읽으면서 기도한 것이다. 성경은 그리스도를 만나는 가장 확실한 길이기에 성경을 읽고 묵상하며, 또한 성경으로 기도하면서 이 성경 안으로 들어가 성경을 통하여 그리스도의 신비 속으로 빠져들면 "주님 안에 쉼" 즉 관상으로 들어간다.

이 거룩한 독서는 네 단계로 되어 있다.
○ 1단계 : 읽기(Lectio-reading)-성경을 주의 깊게 읽는다. 이는 그리스도의 말씀과 행적을 알게 되는 단계다. 이는 그리스도를 아는 단계다.
○ 2단계 : 묵상(Meditatio-meditation)-말씀을 깊이 묵상한다. 마음에 새기고 주님의 음성을 듣는다. 이는 그리스도를 깊이 이해하고 친해지는 단계다.
○ 3단계 : 정감적, 혹은 자발적 기도(oratio; affective or opontaneous prayer)-주님의 뜻을 알게 될 때, 그리스도를 이해하고 친해질 때, 자신도 모르게 탄식처럼 가슴에서 기도가 솟아나온다. 이는 그리스도에 대한 그리움, 감사, 찬사를 나타내는 기도다. 이는 그리스도와 친구로 들어간 단계다. 그리스도를 제자들이 친구처럼 깊이 알게 되었을 때 주님은 그들을 친구라 하셨다.
○ 4단계 : 관상(Contemplatio-Contemplation)-우리는 정감적 기도 후에 말씀이신 그리스도 안에 잠기게 되며, 주님 안에 쉬게 된다. 이는 그리스도와 일치하는 단계, 주님과 일치하는 단계다. 그리스도는 사람이 되신 말씀이다. 말씀이 곧 그리스도다. 그래서 우리는 성경을 읽으면서 이러한 단계로 그리스도와의 관계가 발전하여 그리스도와 일치하는 경지에까지 나아가게 된다. 이 단계가 바로 관상이다.

하나님과의 일치

Contemplatio	관상 (음미, 소나비)
Oratio	기도 (삼킨다, 파이프)
Meditatio	묵상 (씹는다, 물레방아)
Lectio	읽기 (입에 넣기, 물동이)

우리가 거룩한 독서에 익숙해지면, 어떤 경우에 한 번의 독서로 네 순간을 동시에 거치기도 하며 순간들이 서로 뒤바뀌어 일어나기도 한다.

그런데 관상을 위하여 누구나 이 거룩한 독서를 꼭 해야 되는 것도 아니며, 반드시 세 단계를 거친 후 관상에 들어가는 것도 아니다. 그러나 관상에 들어가기 위하여 거룩한 독서는 가장 좋은 방법이다.

향심기도는 거룩한 독서에서 세 번째 단계인 정감적 기도에서 네 번째 단계인 관상으로 넘어가는 것을 도와주는 기도이다. 그런데 반드시 향심기도를 해야만 관상기도가 되는 것은 아니다. 그러나 향심기도는 관상으로 넘어가게 하는데 아주 좋은 기도의 방법이다.

거룩한 독서를 할 때 중요한 골자, 주의할 점은 다음과 같다.

첫째, 성경은 성령의 감동하심으로 쓰여졌으므로 성령의 감동하심을 받아 성경을 읽도록 한다.
둘째, 원래 하나님의 말씀은 읽는 말씀이 아니라 듣는 말씀이다. 그러므로 성경을 읽어줄 사람이 없을 때에는 스스로 소리 내어 천천히 읽으며 귀로 들어야 한다. 그리하여 말씀이

머리가 아니라 가슴으로 내려가도록 해야 한다.

셋째, 몇 번 읽으면서 가슴에 와 닿는 말씀이나 구절을 가지고 가슴에 품고 하루를 살면서 그 말씀을 되씹고 음미하며 반복한다.

넷째, 말씀은 지금 현재 하나님께서 나에게 직접 하시는 말씀으로 받아들여야 한다.

다섯째, 하나님의 말씀은 "전부가 하나님의 계시로 이루어진 책으로서 진리를 가르치고 잘못을 책망하고 허물을 고쳐주고 올바르게 사는 훈련을 시키는"(딤후3:16) 일을 한다. 우리가 성경을 가슴 속에 담을 때에 우리는 그 말씀으로 변화된다. 우리는 진리를 배우고, 자신의 잘못을 깨닫고, 허물을 고치며, 올바르게 살려는 지향을 가지고 성경을 받아들여야 한다. 즉 말씀으로 내가 바뀌려는 의도를 가지고 있어야 한다. 성경을 읽을 때에 그 말씀으로 그리스도를 만나고 말씀으로 살아서 그리스도를 닮은 그리스도의 제자가 되려는 태도를 가지고 읽는다.

여섯째, 성경을 렉시오 디비나를 목적으로 읽을 때에는 공부가 목적이 아니고 말씀을 받아들이고 사는 것이 목적이기 때문에 모든 성경(창세기부터 요한계시록까지)을 다 읽어야 한다(앞의 책, pp, 95, 96).

(ㅂ) 찬송 부르기

찬송은 곡이 붙은 신앙고백이며 기도이다. 신앙의 위인들이 깊이 생각하여 지은 가사에 곡을 붙인 것이다. 그들의 깊은 신앙고백과 기도가 노래가 된 것이다. 우리의 신앙고백과 기도가 습관적으로 계속되는 동안에 지적으로만 흐르기 쉽고 그러다 보면 무미건

조하고 생명을 잃기 쉽다. 거기에 감정적인 요소가 가미되어야만 맛이 나고 생명력이 넘치게 된다. 음악은 그것을 해결해 준다. 찬송은 우리에게 감정적 방면에 자극을 주고 우리의 사고가 정적으로 흐르게 한다. 그래서 하나님을 뜨겁게 사랑하고 사모하게 한다. 우리는 찬송을 간절히 부름으로 내 영혼을 들어 하나님께 나아갈 수 있다.

찬송을 부를 때나 보통 때는 주님의 고난과 부활에 대하여 부르는 것이 좋다. 가사를 깊이 새기면서 간절히 불러야 한다. 같은 것을 여러 번 부르고 외우도록까지 부르면 큰 은혜가 된다. 완전히 외워서 눈을 감고 조용히 부르면 하나님 앞으로 나아갈 수 있다. 찬송은 생활 속에서 일을 하면서도 얼마든지 할 수 있다. 그때에 가사를 외운다면 큰 유익이 된다.

※ 주님을 마음에 모시기 위한 단순 묵상기도

항상 주님을 마음에 모시기 위한 기도가 앞서야 한다. 모든 간구하는 기도 전에 ㉮-㉣의 묵상기도를 행하라(시간에 따라 택할 수 있다). ㉰는 말씀을 묵상하기 직전에 행하는 묵상기도다.

㉮ 하나님의 이름 부르기
(뜻을 생각하면서 부른다. 마음에 임하기를 간절히 원하면서 부른다)

① · 주님-주 예수님-주 예수 그리스도시여-임마누엘-임마누엘 예수님
  · 하나님-여호와 하나님-여호와 하나님 아버지
  · 성령님
② · 주님-예수님-주 예수님- 그리스도시여-예수 그리스도시여-주 예수 그리스도시여-임마누엘-임마누엘 예수님-임마누엘 주 예수 그리스도시여
  · 하나님-여호와-여호와 하나님-아버지-하나님 아버지-여호와 하나님 아버지
  · 성령님-은혜의 영-진리의 영-생명의 영-지혜와 지식의 영-약속의 영-영광의 영-보혜사
※ 여호와 닛시-여호와 치드케누-여호와 로이-여호와 샬롬-여호와 로프에하-여호와 이레-여호와 삼마 (각각 3번 이상 하라)

㉯ 성경으로 기도하기
(간절히 계속적으로 부르짖으라)

① 주여, 나를 구원하소서(마14:30).
② 내가 믿나이다. 나의 믿음 없는 것을 도와주소서(막9:24).
③ 하나님이여, 불쌍히 여기소서. 나는 죄인이로소이다(눅 18:13).
④ 하나님이여, 내 속에 정한 마음을 창조하시고 내 안에 정직한 영을 새롭게 하소서. 나를 주 앞에서 쫓아내지 마시며 주의 성신을 내게서 거두지마소서. 주의 구원의 즐거움을 내게 회복시키시고, 자원하는 심령을 주사 나를 붙드소서(시 51:10-12).
⑤ 주여, 들으소서. 주여, 용서하소서. 주여, 들으시고 행하소서. 지체치 마옵소서. 나의 하나님이여, 주 자신을 위하여 하시옵소서. 이는 주의 성과 주의 백성이 주의 이름으로 일컫는바 됨이니이다(단9:19).
⑥ 여호와여, 구하옵나니, 이제 구원하소서. 여호와여, 구하옵나니, 이제 형통케 하소서(시118:25).

㉰ 구호적 기도
(간절한 믿음으로 마음속으로 외친다)

① 오소서-들어오신다. -와 계신다.
　○ 빛이신 주님, 들어오소서. -들어오신다. -들어와 계신다.
　○ 성령의 불이 타오르게 하소서-타오른다. -활활 타오른다.
② 불쌍히 여기소서.
　○ 주 예수님, 불쌍히 여기소서.
　○ 주 예수님, 불쌍히 여기소서. 죄인이로소이다.
　○ 주 예수님, 구원하소서. 주여. 들으소서.
　○ 주 예수님, 불쌍히 여기소서. 구원하소서.

○ 주 예수님, 불쌍히 여기소서. 들으소서.
○ 주 예수님, 불쌍히 여기소서. 들으소서. 구원하소서.

㉣ **영으로 숨쉬기**
 (숨을 천천히 쉬면서 조용히 속으로 부르짖는다)

① 예수로 숨쉬고
○ 숨을 들이실 때마다 : 예수님(성령)을 마시자(들어오소서) (들어오신다) (들어와 계신다).
○ 숨을 내쉴 때마다 : 나쁜 것(마귀,악)을 내쉬자(나가라) (다 나간다) (다 나갔다).
② 주님의 평화
○ 숨을 들이쉬면서 : 마음에는 주님의 평화
○ 숨을 내쉬면서 : 얼굴에는 사랑의 미소 (각각 3번 이상 하라)

㉤ (말씀 묵상 직전) **말씀을 받기 위한 마음 문 열기**
 (겸손히 행하면 마음 문이 열린다)

○ 찬송:
○ 복식호흡-주기도문(3)-주님, 주님(10)-사도신경(3)-예수기도(10)
-빛이신 주님, 들어오소서(5) (들어오신다) (들어와 계신다)
-성령의 불이 타오르게 하소서(5) (타오른다) (활활 타오른다)
　○ 찬송　　　　　(　)안은 횟수
 - 말씀에 대한 묵상 -

6. 경건에 이르기를 연습하라

경건은 분명 성도가 올라가야 할 아름다운 산이다. 그런데 그 산은 바라는 것만으로 올라갈 수 없다. 그 산의 정상에 이르기 위해서는 많은 노력을 해야 한다. 우리는 경건에 이르기 위하여 많은 노력, 훈련(연습)을 해야 한다.

"오직 경건에 이르기를 연습하라. 육체의 연습은 약간의 유익이 있으나, 경건에 범사에 유익하니, 금생과 내생에 약속이 있느니라"(딤전4:7,8).

여기서 말하는 "육체의 연습"은 두 가지 해석이 있다. 그 하나는 그것이 종교 관계의 금욕주의적 연단, 즉 금식이나 금욕 등이라는 것이고(Calvin), 그 다음 하나는 경주나 운동으로 신체를 연단하는 것이라는(Bengel) 것이다. 그런데 전자는 경건 연습의 한 부분이라 할 수 있고, 육체의 연습은 후자라고 본다.

그리고 "경건"은 "계시된 말씀에 근거한 진정한 종교생활"이다. 말씀에 따라 하나님, 인간, 자연을 진실하게 사랑하는 것이다. 그런데 운동선수에게 있어서 육체의 연습은 반드시 필요하다. 어떤 운동선수도 저절로 되지 않는다. 피나는 노력이 필요하다. 필사의 연습, 훈련의 결과다.

마찬가지로 경건도 용이하게 얻어지지 않는다. 어떤 영적인 것도 그냥 오는 것이 아니다. 경건은 많은 연습, 훈련의 결과로 얻어진다. 일류 운동선수가 되려면 많은 훈련을 해야 한다. "연습하라"(Γύμναξε)는 말은 "벗은"(Γυμνὸς)에서 온 말로 운동 경기를 위해 옷을 벗고 연습하는 것을 가리킨다. 영어의 "체육장(gymnasium)"의 어근이다. 고대 사회 특히 헬라에서는 체육학교라는 것은 매우 위험한 장소였다. 모든 마을에는 체육관이 있었는데, 16~18세의 젊은이들에게 있어서는 체육 과목이 전체 교육과정의 주요 부분이었다. 고대 올림픽이나 미스무스 경기를 위한 연습은 실로 엄중하여 때로는 연습 중에 죽는 수도 많았다. 현대도 마찬가지다. 지금도 국가대표 선수들은 피나는 훈련을 한다. 월드컵에 뛸 축구선수들은 지금 동계 지옥훈련을 받고 있다. 체급을 따지는 종목의 선수들은 체중을 줄이기 위해 그 힘든 연습을 하면서 굶기도 한다. 그런 힘든 훈련을 견디지 못해 이탈하거나 영 포기하는 선수들도 있다.

그런데 경건은 이루기 위해서는 더 엄중한 연습이 필요하다. 아주 강도 높은 훈련을 해야 한다. 고대에는 수도원을 중심으로 이런 훈련이 아주 엄격하였다.

그중 가장 대표적인 훈련코스는 익나티우스 로욜라(Ignatius Loyola)의 "영신수련(Spiritual Exercises)"이다. 그 과정을 통해 수많은 사람들이 경건훈련을 받았다. 이 훈련 체제는 한 달간 예수님의 일생을 묵상하는 것이다.

그리고 "성 베네딕트의 규율"이라는 것이 있다. 이것은 겸손을 적극적으로 추구하는 것이다. 베네딕트는 야곱의 사다리 비유를 사용하여 겸손에 이르는 12단계를 말하였다. 베네딕트가 말한 열두 단계 중 몇몇은 하나님과 우리 사이의 관계에 초점을 두고 있다. "하나님께 대한 경외심을 늘 목전에 두라. 우리 자신의 뜻과 욕망을 포기하고 하나님의 뜻을 실천하라. 우리의 모든 악한 생각과 하나님께 대한 모든 악한 행위들을 고백하라." 그가 말한 단계들 중 세 가지가 혀의 사용과 관련되어 있으며 우리 생활 중 특히 언어생활의 중요성을 강조하고 있다. 우리는 때론 침묵할 줄도 알아야 하며, 경박한 말을 피하고, 쉽고 단순한 언어를 사용해야 한다. 겸손의 단계중 하나는 '우리가 당하는 상처와 아픔을 인내하며 참는 것'이며 또 하나는 '범사에 자족하는 것'이다.

크리스챤은 체육 경기자가 아니라 하나님의 경기자인 것이다 헬라의 가장 위대한 사람은 그것을 인식했던 것이다. 이소크라테스(Isocrates)는 "왕은 금욕자가 그의 육체를 훈련하는 것 이상으로 그 영혼을 훈련해야 한다"고 쓰고 있다. 그는 "적극적으로 노고에 몸을 맡김으로써 너 스스로를 훈련시켜라. 그렇게 하면 불의의 시련이 너에게 엄습할 때 너는 그것을 쉽사리 참고 견디어 낼 수 있을 것이다"라고 하였다.

지금도 참으로 경건하고 영성이 있는 삶을 살기를 원하는 사람은 더욱 절제하고 단련하여 훈련해야 한다. 그러나 지금의 교회는 그런데 대한 프로그램과 지도가 약하며, 개인도 별로 힘쓰지 않는다. 너무나 쉽게 생각하고 안일하게 나가는 자가 많다. 그래서 영적으로 어린이가 많고 교회는 힘이 없다.

우리는 편한 것을 찾고, 은혜로 다 되기를 바라서 힘쓰지 않고 세상적인 것을 의지하는 마음을 버리고 적극적으로 경건에 이르기를 연습하자.

이제 우리는 결과에 대하여 생각해보자. "육체의 연습은 약간의 유익이 있으나, 경건은 범사에 유익하니 금생과 내생에 약속이 있느니라"(딤전4:8).

일류 운동선수들은 건강이 좋다 몸매도 좋아 몸 짱이 된다. 인기가 올라 대중 스타가 된다. 이름을 날리는 명예를 얻는다. 돈방석에 앉는다. 일 년에 수천억을 버는 사람도 있다. 완전히 인생이 달라지고 출세를 한다. 그러나 그것은 약간의 유익이다. 작은 유익이다. 그 엄청난 것이 왜 그런가? 그 이유는 그것들이 아무리 좋고 굉장해도 물질적이고 육신적인 것에 지나지 않기 때문이다. 그것은 어디까지나 이 세상에만 관계되는 것이고, 이 세상에서도 그야말로 잠간이기 때문이다.

그런데 경건은 겉으로 보기에는 별 것이 아닌 것 같고 눈에 잘 보이지도 않는다. 때로 사람들로부터 무시당하고 멸시를 받는다. 아무도 알아주지 않는 경우가 대부분이다.

그러나 경건은 범사에 유익하다. 모든 일, 영육에 관한 모든 일에 유익하다. 모든 경우에 복이 된다. 금생과 내생에 하나님의 약속이 있다. 이 세상에서 하나님이 주시는 모든 복이 있다. "너희는 먼저 그의 나라와 그의 의를 구하라. 그리하면 이 모든 것을 너희에게 더하시리라"(마6:33). 참 경건한 자는 성숙한 인격자가 되어 존경받고 하나님의 위로를 받는다. 이 세상에서 모든 필요한 것도 아울러 받는다. 그리고 내세에 영생과 상을 받는다. "핍박을 겸하여 받고 내세에 영생을 받지 못할 자가 없느니라"(막.10:30). 이처럼 경건은 영원한 복을 받는다.

"미쁘다 이 말이여, 모든 사람들이 받을만하도다"(딤전4:9). "경건은 범사에 유익하다"는 이 말씀은 바로 전능하신 하나님의 말씀이니 믿을만하다. 모든 신자는 누구나 받아들일 만한 귀한 말씀이다. 우리는 조금도 의심치 말고 믿고 받아들여 경건에 이르기를 연습하자. 경건에 대한 뜨거운 열망을 가지고 스스로 이루는 자들이 되자.

Ⅱ. 경건 연습

나무 화식 – 평강식물원

1. 매일 성경 묵상

○ 하나님의 말씀인 성경은 우리의 영혼의 양식이다. 우리가 날마다 육신을 위하여 음식을 먹어야 하듯이, 날마다 영혼을 위하여 성경 말씀을 먹어야 한다. 그런데 그 먹는 방법은 그 말씀을 묵상하는 것이다.

○ 먼저 "주님을 마음에 오시기 위한 단순 묵상기도 중 ㉮ 말씀을 받기 위한 마음 문 열기"를 한다.

○ 그 다음 "거룩한 독서"(Lectio Divina)의 방법을 따라 묵상한다. 그렇게 하다 보면 관상에 이르게 된다.

2. 4일간의 묵상

⊙ **주님에 대한 묵상**
(매일 오전, 오후, 2회, 매회 시작 전 별지의 묵상 순서를 가진다. 1시간)
(순서에 따라 묵상 안내지로 묵상한다. 2시간)

⊙ **회개**
　○ 제 1일
　1. 미리보기를 반드시 읽고 들어간다.
　2. 회개　① 회개하라(마3:1-12, 4:12-17)
　　　　　② 다윗의 회개(시51:1-19)
　3. 회개　① 베드로의 실수와 회개(마26:31-35, 69-75)
　　　　　② 회개하라(계3:14-22)

⊙ **주님의 일생**
　○ 제 2일
　1. 그리스도의 공생애 전　① 탄생(눅1:1-20)
　　　　　　　　　　　　　② 시험(마4:1-11)
　2. 그리스도의 공생애　　① 가르치심(마5:1-12)
　　　　　　　　　　　　　② 병 고침(마8:1-17)
　3. 그리스도의 공생애　　③ 입성(마21:1-11)
　　　　　　　　　　　　　④ 발 씻기심(요13:1-17)

　○ 제 3일

1. 그리스도의 수난, 죽음　① 기도(눅22:39-46)
　　　　　　　　　　　　② 잡히심(눅22:47-53)
2. 그리스도의 수난, 죽음　③ 사형선고(눅23:1-25)
　　　　　　　　　　　　④ 죽으심(마27:27-56)
3. 그리스도의 수난, 죽음　⑤ 장사(마27:57-66)
　　　　　　　　　　　　⑥ 성만찬(막14:12-25)

○제4일
　1. 그리스도의 부활
　　　　　　① 부활의 사실(막16:1~13)
　　　　　　② 예수 부활, 내 부활(고전15:12-28, 50-58)
　2. 그리스도의 승천, 성령강림, 재림
　　　　　　① 승천(막16:19~20, 행1:1~11)
　　　　　　② 성령강림(행1:4~8, 2:1~13, 37~47)
　　　　　　③ 재림(살전4:13~18)

※ 밤에는 "관상으로 가는 길" (주님을 마음에 모시기 위한 단순 묵상기도)에 따라 기도 한다. - 모든 경우에서 그렇게 한다.

첫째 날   별지 1

○ 사도신경을 세 번 고백한다.   ○ 찬송 : 337장

※ 성찰
(1) 특별 성찰(언제나 묵상에 들어가기 전에 이 성찰을 한다)
　자기가 잘 떨어지는 결점, 죄에 대하여 하루에 두 번(오전, 오후) 성찰하고 결심한다.
(2) 일반 성찰
　영혼을 깨끗하게 하기 위하여 자기의 생각, 말, 행동에 대해 잘 살펴본다. 하루에 두 번(오전, 오후) 하는 것이 좋다

1. 일반 묵상
① 조급함, 빨리 빨리 하면서 말씀을 깊이 새기지 못한데 대하여 자신을 살핀다.
② 사도 신경: ・ 한 구절씩 차례로 음미한다.
　　　　　　 ・ 진정한 고백이 되도록 깊이 새긴다.
　　　　　　 ・ 평소에 예사로 한 것을 회개하라

2. 묵상 : 죄악에 대하여 깊이 묵상한다.

○ 준비기도 : 나의 모든 것이 하나님께 영광과 봉사함이 되도록
　　　　　　 하나님의 은총을 간구한다.
○ 길잡이 ① 모든 사건에서 장소를 묘사(상상)해 본다(시작 전).
　　　　　② 묵상의 제목에 맞추어서 소원을 간구한다(마친 후).
(1) 죄악에 대한 묵상 : 하루에 세 번(아침, 점심, 저녁) 한다.

① 제1죄악 – 천사들의 범죄 : 어찌하여 오만하여져 사탄이 되었는가?
② 제2죄악 – 아담, 하와의 범죄(원죄) : 유혹받아 범죄, 타락 – 에덴에서 쫓겨나 멸망 받다.
③ 제3죄악 – 우리 자신의 죄악(자범죄) : 우리는 원죄와 자범죄로 죽고 지옥 간다. 지옥 벌이 지당한지를 인정하고 주님의 십자가를 바라보고 회개한다.

※ 담화 – 모든 죄악과 주님의 용서에 대하여 감격한 마음으로 주님과 인격적인 대화를 나눈다.

○ 주기도문을 세 번 한다.   ○ 찬송: 338장

둘째 날   별지2

○ 사도신경을 세 번 고백한다.   ○ 찬송 : 88장

1. 일반 묵상

 (1) 현세적 왕과 영원한 왕이신 그리스도와의 대조
 ○ 현세적 왕의 모든 것, 위엄, 권력을 생각하고 백성된 자의 위치, 충성을 생각한다.
 ○ 영원한 왕이신 우리 주 그리스도의 위엄, 권력, 통치를 생각하고, 구원받아 종 된 우리의 신분, 참된 충성을 생각한다.

 (2) 그리스도의 작전과 사탄의 작전의 대조 고찰
 ○ 그리스도가 깃발을 세우고 수많은 군대를 거느리고 전투하시는 모습을 상상하고 살펴본다.
 ○ 그에 대항하여 사탄이 깃발을 세우고 악한 세력을 거느리고 항전하는 모습을 상상하고 살핀다.

 (3) 겸손 : 완전한 겸손은 어떤 것인가?
 ① 스스로 낮춤 ② 십자가 보고 참음 ③ 십자가 보고 감격하여 낮아짐, 고난을 당연시, 기쁘게 받음

2. 그리스도의 생애, 활동에 대하여 차례로 묵상한다.
 ○ 강생(인간으로 오심) 하나님의 아들이 하늘의 보좌를 내놓고 인간이 되어 오시다.
 ○ 탄생(성탄) : 동정녀 마리아에게서 나시다. 낮고 천한 마구에

서 나시다.
○ 성전에 봉헌 : 첫 아들을 하나님께 바치다.
○ 애굽으로 피난 : 헤롯의 학살을 피하여 고난의 피난길에 오르다
○ 부모님께 순종 : 30세까지 순종하여 받드시다.
○ 세례 받음 : 율법을 지키기 위해 세례 받다.
○ 40일 금식기도 : 금식기도 – 마귀의 시험 이기다
○ 제자들을 부르심 : 12제자를 불러 양육하다.
○ 산상설교 : 팔복을 비롯하여 천국복음을 전하시다.
○ 물위로 걸으심 : 물위로 걸어와 바다를 잔잔케 하시다.
○ 성전에서 가르치심 : 수많은 백성을 진리로 가르치다.
○ 나사로를 살림 : 죽은 자도 살리는 생명의 주로 나타나시다.
○ 병자를 고침 : 수많은 병자를 기적으로 고치시다.

※ 준비기도, 길잡이, 담화 등은 첫날과 같이 한다.
※ 묵상은 역시 하루에 두 번 한다.

○ 주기도문을 세 번 한다.　　　　　　　　○찬송 : 507장

셋째 날 별지3

○ 사도신경을 세 번 고백한다.   ○찬송 : 138장

1. 일반 묵상

 (1) 십계명
○ 1계명부터 차례로 생각한다.
○ 어느 계명에서 떨어졌는가? -거기서 깊이 생각, 회개, 은혜를 구한다. 근본의 정신은 사랑이다. 우리가 지키지 못함으로 주님이 십자가를 지셨다.

 (2) 육신의 오관(귀, 눈, 입, 코, 손발)
○ 차례로 바르게 쓰는지 살핀다.
○ 주님을 본받을 다짐을 한다.

2. 그리스도의 수난에 대하여 차례로 묵상한다.

○ 최후 만찬 : 만찬을 나누면서 성찬식(살과 피를 기념)을 정하시다.
○ 겟세마네 동산의 기도 : 피땀을 흘리는 기도로 십자가 질 결단을 하시다.
○ 체포되심 : 배신자 가룟 유다가 이끄는 군병에게 체포되어 가시다.
○ 안나스, 가야바의 집에서 당한 일 : 심문 받고 모욕당하다. 베드로가 부인하다.
○ 헤롯에게 당한 일 : 호기심으로 묻고 조롱하다.

○ 빌라도 법정에서의 재판 : 빌라도는 예수님이 무죄한 줄 알면서도 백성의 인기를 얻기 위해서 사형선고를 하다.
○ 끌려가 십자가에 못 박히심 : 무거운 십자가를 친히 지고 끌려가 강도들 사이에서 십자가에 못 박히시다. 가상칠언을 남기고 극한 고통 후 운명하시다.
○ 무덤에 장사 : 아리마대 요셉이 자기가 판 무덤에 정성껏 장사하다. 죄인처럼 그 시체가 무덤에 묻히시다.

※ 준비기도, 길잡이, 담화 등은 첫날과 같이 한다.
※ 묵상은 역시 하루에 두 번한다. 묵상시 부분별로 하다가 전체적으로 한다. 부활, 천국의 기쁨 등은 떠올라도 억제하고 주님의 고난에만 집중한다.

○ 주기도문을 세 번 한다.   ○ 찬송 : 135장

넷째 날   별지4

○ 사도신경을 세 번 고백한다.   ○ 찬송 : 360장

1. 일반 묵상

⑴ 사랑을 얻기 위한 묵상

◎ 하나님으로부터 받은 사랑 : ○ 아주 크고 놀랍다. ○ 무엇으로 보답할까? ○ 하나님을 사랑하자, 사람을 사랑하자.

⑵ 주기도문

○ 한 구절씩 차례로 음미한다.

○ 감명이 깊은 구절은 오래 머문다.

○ 한 숨에 한마디씩 묵상하기도 한다.

○ 평소에 예사로 한 것을 회개하라.

**2. 그리스도의 부활, 승천, 하늘나라에 계심,
   대신 성령이 오심, 재림(심판)에 대하여 차례로 묵상한다.**

⑴ 빈 무덤, 천사의 증거 : 여인들이 가니 빈 무덤, 천사가 부활을 알리다.

⑵ 여러 차례 나타나심 : 막달라 마리아에게 첫 번, 그 후 여러 번 나타나시다.

⑶ 마지막 부탁 : 전도를 유언으로 부탁하시다.

⑷ 승천 : 많은 사람이 보는데서 구름 타고 올라가시다.

⑸ 하늘나라에 계심 : 거기서 우리 위해 기도하신다. 우리를 보호하신다.

⑹ 대신 성령이 오심 : 오순절에 간절히 기도하니 성령이 강림

하다. 제자들이 능력 얻어 증인이 되다.
(7) 재림(심판) : 곧 오신다. "마라나타" (아멘 주 예수여 오시옵소서)

※ 준비기도, 길잡이, 담화 등은 첫날과 같이 한다.
※ 묵상은 역시 하루에 두 번한다. 고난에 대한 감정은 억제하고, 부활의 기쁨, 평강에 집중한다. 여태까지의 전 묵상을 전체적으로 회상한다.

○ 주기도문을 세 번 한다.   ○ 찬송 : 150장

묵상 안내지 1

〈회개〉: ① 회개하라(마3:1~12, 4:12~17)

○ 사도신경을 세 번 고백한다.　　　　○찬송 :336장

1. 예비(기본) 설명(생각)　　　　　　　　(2분)
 - 단체 시는 예비 설명으로 하고, 혼자서는 기본적으로 생각할 것이다.
○ 성경에 묵상 강조한다.
○ 묵상은 말씀 깊이 생각, 새김질하는 것.
○ 믿음이 자라기 위해 꼭 필요.

2. 본문 읽기 (단체 시 교독)　　　　　　(2분)
 (마3:1~12, 4:12~17)

3. 본문 설명　　　　　　　　　　　　　(5분)
 ⑴ 세례 요한은 맨 먼저 "회개하라 천국이 가까웠다"고 외쳤다.
 ⑵ 그는 "회개에 합당한 열매를 맺어라", "그렇지 않으면 찍어 불에 던지운다," "예수는 성령과 불로 세례 준다"고 외쳤다.
 ⑶ 예수님도 "회개하라 천국이 가까웠다"고 외치셨다.

4. 묵상 :　○세례 요한과 예수님의 마음이 되어서 생각한다.
 ⑴ 생각　　　　　　　　　　　　　　　(5분)
　① 회개가 무엇인가?

② 회개는 어떻게 하는 것인가?
③ 천국에 들어가기 위하여 회개는 반드시 필요하다.
④ 회개에 합당한 열매가 있나? 어떤 것이 있는가?
⑤ 성령과 불세례(중생)를 받았는가?
　성령으로 계속 새롭게 하소서
(2) 하나님이 내게 지금 뭐라고 하시는가?　　　　(2분)
(3) 회개　　　　　　　　　　　　　　　　　　(3분)
　① 날마다 회개가 있느냐?
　② 회개의 열매가 있느냐?
　③ 성령을 사모하느냐?
　(깊이 생각하고 기도한다)
(4) 결단　　　　　　　　　　　　　　　　　　(3분)
　① 날마다 회개하자
　② 회개에 합당한 열매를 풍성히 맺자.
　③ 회개의 복음을 전하자.
　(깊이 결단의 의지를 다지고 기도한다)

5. 정리(점검)　　　　　　　　　　　　　　　(2분)

① 순서는 달라질 수 있다.
② 잡념이 일어나지 않았나?
③ 마음의 상태가 어떠한가?
④ 무슨 하나님의 음성(혹은 양심의 소리)을 들었나?

◎ 주기도문을 세 번 한다.　　　찬송 : 334장

(길잡이) ① 차례대로 읽으면서 생각을 하면 된다.

② (   ) 안의 말들은 이후 같이 한다.
③ 시간은 단체로 하는 경우다. 개인으로는 시간을 자유로 할 수 있다. 그러나 서두르면 깊이 할 수 없고 유익이 없다.
④ 사도신경, 주기도문, 찬송을 반드시 하라.

묵상 안내지 2

〈회개〉: ② 다윗의 회개 (시51:1~19)

  ○ 사도신경을 세 번 고백한다.   ○찬송 :343장

1. 예비(기본) 설명(생각)   (2분)

2. 본문 읽기(단체 시 교독)   (2분)
   (시51:1~19)

3. 본문 설명   (5분)
   (1) 다윗은 우리아의 아내 밧세바를 범하고 우리아를 전쟁터에서 죽게 하였다.
   (2) 그는 모든 것을 숨기고 있었다. 나단 선지자가 비유로 말할 때에 오히려 노발대발하였다.
   (3) 그는 나단 선지자가 "당신이 바로 그 사람이다"고 할 때에 솔직히 인정, 회개하였다.

4. 묵상 : 다윗의 입장이 되어 같이 묵상한다.
   (1) 생각   (5분)
      ① 다윗의 범죄 : 우리아의 아내 밧세바를 범하다.
                    충신 우리아를 죽이다. 너무도 큰 죄다(극악무도)
      ② 숨기려고 하다가 우리아도 죽였다.
      ③ 숨기려 하다가 결국 회개, 철저한 회개를 하였다.
      ④ 회개하면서 바란 것들이 무엇인가?

(2) 하나님이 내게 주시는 음성을 들어보자　　　(2분)

(3) 회개　　　(3분)

　① 욕심이 지나쳐 남모르게 지은 죄
　② 말씀의 책망이 와도 숨기고 있지 않는가?

(4) 결단　　　(3분)

○ 죄를 멀리하자.
○ 신속히, 철저히 회개하자.
○ 죄는 모양이라도 버리자.

5. 정리 (점검)　　　(2분)

○ 주기도문을 세 번 한다.　　　○찬송 : 338장

묵상 안내지 3

<회개> : ③ 베드로의 실수와 회개(마26:31~35, 69~75)

○ 사도신경을 세 번 고백한다.　　　　　　○찬송 :343장

1. 예비(기본) 설명(생각)　　　　　　　　　　　(2분)

2. 본문 읽기 (단체 시 교독)　　　　　　　　(2분)
　(마26:31~35, 69~75)

3. 본문 설명　　　　　　　　　　　　　　　(5분)

　(1) 예수님과 베드로의 대화:
○ "다 나를 버리리라".
○ "다 주를 버릴지라도 나는 언제든지 버리지 않겠나이다."
○ "세 번 나를 부인하리라."
○ "내가 주와 함께 죽을지언정 주를 부인하지 않겠나이다(마26:31~35).

　(2) 베드로의 부인:
○ "나는 네 말하는 것이 무엇인지 알지 못하겠노라."
○ "내가 그 사람을 알지 못하겠노라"(맹세하며).
○ " 내가 그 사람을 알지 못하겠노라"(저주, 맹세하며).
○ 닭이 울다 – 심히 통곡하다(마26:69~75).

4. 묵상
- ○ 베드로가 행한 일을 깊이 생각한다.
- ○ 자신이 베드로라고 생각하면서 베드로의 입장에서 생각한다.

(1) 생각 (5분)
① 베드로가 주님의 경고를 받은 일
② 겸손히 받아들이지 않고 큰 소리 친일, 그 외에 실수하게 된 원인들
③ 부인한 사실: 부인의 실상 – 어떤 죄인가?
　　　　　나는 위급할 시 부인하지 않을 수 있을까?
④ 회개 : 즉시 나가 심히 통곡하다.

(2) 하나님이 내게 주시는 음성을 들어보자. (2분)

(3) 회개 (3분)
① 나도 큰소리만 치고 열매가 없지 않았나?
② 나도 주님을 모른다고 부인하지 않았나?
③ 나는 내 죄에 대해 속히 회개하였나?

(4) 결단 (3분)
① 큰소리치지 말고 기도하자.
② 죽을지언정 주를 모른다고 부인하지 말자.
③ 신속히 회개하자.

5. 정리 (점검) (2분)

- ○ 주기도문을 세 번 한다.　　　○ 찬송 : 317장

묵상 안내지 4

회개 : ④ 회개하라 (계 3:14~22)

○ 사도신경을 세 번 고백한다.　　　　　　○ 찬송 : 326장

1. 예비(기본) 설명(생각)　　　　　　　　　　　　　(2분)

2. 본문 읽기 (단체 시 교독)　　　　　　　　　　　(2분)
　　(계 3:14~22)

3. 본문 설명　　　　　　　　　　　　　　　　　　(5분)
　(1) 라오디게아 교회는 책망만 받은 교회다
　(2) 그 책망은 : ① 미지근한 것이다. 열심이 없는 것이다.
　　　　　　　　② 영적 가난함을 모르는 것이다
　(3) 그래서 "회개하라"고 하셨다.
　(4) "주님을 마음에 모시고 교제하라"(회개의 결과)고 하셨다.

4. 묵상 : 나 자신을 돌아보고 "회개"를 외치시는 주님의 음성을 듣자.
　(1) 생각　　　　　　　　　　　　　　　　　　　(5분)
　　① 라오디게아 교회는 미지근하고 열심이 없이 주님이 토할
　　　 지경이었다. – 우리의 모습은?
　　② 가난하면서 부자라고 착각하였다. – 역시 우리의 모습은?
　　③ "회개하라"고 외치시는 주님의 음성, 애타는 마음
　　④ 회개하고 주님을 모신 마음의 복된 상태

(2) 하나님이 내게 주시는 음성을 들어보자 (2분)
(3) 회개 (3분)
　① 체면만 유지하고 적당히 함.
　② 자만에 가득 차 있음.
　③ 주님을 멀리함.
(4) 결단 (3분)
　① 모든 부족을 회개하고 담대히 나가자.
　② 주님의 칭찬을 듣도록 하자.

5. 정리 (점검) (2분)

○ 주기도문을 세 번 한다.　　　　○ 찬송 : 325장

묵상 안내지 5

<그리스도의 공생애 전> : ① 탄생 (눅 2:1~20)

○ 사도신경을 세 번 고백한다.   ○ 찬송 : 112장

1. 예비(기본) 설명(생각)   (2분)

2. 본문 읽기 (단체 시 교독)   (2분)
   (눅 2:1~20)

3. 본문 설명   (5분)
   (1) 요셉과 마리아는 호적하려 베들레헴에 갔다가 아기 예수를 낳아 구유에 뉘었다.
   (2) 그 밤에 양치는 목자들에게 천사들이 나타나 예수 탄생 소식을 알렸다. 그 때에 하늘에서 천사의 합창이 있었다.
   (3) 목자들은 달려가 메시야가 난 것을 보고 기뻐하였다.

4. 묵상 :
하나님의 아들이 사람이 되어 세상에 오신 것을 깊이 생각
   (1) 생각   (5분)
      ① 하나님의 아들이 사람이 되어 이 세상에 오신 겸손 - 말 구유에 나신 겸손
      ② 그 분의 오신 목적 - 우리 구원을 위해서 십자가 지기 위해 - 그 사랑 너무 크다.
      ③ 큰 기쁨의 좋은 소식 - 기뻐하자, 전하자.

(2) 하나님이 내게 주시는 음성을 들어보자 (2분)
(3) 회개 (3분)
　① 주님의 오심으로 받은 구원에 대하여 항상 감사하는가?
　② 구원받은 자이면서 날마다 짖는 죄가 많이 있지 않은가?
　③ 주님의 사랑에 대하여 열심히 전하지 못하지 않는가?
(4) 결단 (3분)

　① 주님처럼 낮아지고, 사랑을 목적으로 살자.
　② 주님의 겸손, 사랑을 감사하고 전하자.

5. 정리 (점검) (2분)

○ 주기도문을 세 번 한다.　　　　　○ 찬송 : 115장

묵상 안내지 6

<그리스도의 공생애 전> : ② **시험** (마 4:1~11)

○ 사도신경을 세 번 고백한다.　　　　　○ 찬송 : 93장

1. 예비(기본) 설명(생각)　　　　　　　　　　　(2분)

2. 본문 읽기 (단체 시 교독)　　　　　　　　　(2분)
　(마 4:1~11)

3. 본문 설명　　　　　　　　　　　　　　　　(5분)
　(1) 예수님이 40일 금식기도 하셨을 때 마귀의 시험이 있었다.
　(2) "돌들이 떡덩이가 되게 하라." – "하나님의 모든 말씀으로 산다."
　(3) "성전 꼭대기에서 뛰어내리라" – "주 너의 하나님을 시험치 말라".
　(4) "내게 엎드려 경배하면 모든 것을 주겠다." – "하나님께 경배하고 다만 그를 섬기라".

4. 묵상 : 예수님의 입장에서 시험 받은 일 생각
　(1) 생각　　　　　　　　　　　　　　　　　(5분)
　　① 40일 금식 기도 – 하나님의 아들이면서도 기도에 열중
　　② 기도 후에 큰 시험 – 은혜가 풍성할 때 시험이 오기 쉽다.
　　③ 시험을 이긴 비결 – ㉠ 성령 ㉡ 기도 ㉢ 말씀
　　④ 이기는데 사용한 말씀의 의미.

(2) 하나님이 내게 주시는 음성을 들어보자 (2분)
(3) 회개 (3분)
　① 너무 기도가 부족하지 않은가?
　② 성령, 말씀 중심이 아니지 않은가?
　③ 시험에 넘어진 때가 많지 않은가?
(4) 결단 (3분)
　① 열심히 기도하자.
　② 성령, 말씀 중심으로 하자.
　③ 시험에 이기고 감사하자.

5. 정리 (점검) (2분)

○ 주기도문을 세 번 한다.　　　　　　○ 찬송 : 395장

묵상 안내지 7

그리스도의 공생애 : ① 가르치심(마 5:1~12)

○ 사도신경을 세 번 고백한다.　　　　　○ 찬송 : 284장

1. 예비(기본) 설명(생각)　　　　　　　　　　　　　(2분)

2. 본문 읽기 (단체 시 교독)　　　　　　　　　　　 (2분)
　(마 5:1~12)

3. 본문 설명　　　　　　　　　　　　　　　　　　(5분)
　(1) 예수님이 공생애 기간 중(3년) 가장 중요하게 하신 일은 가르치심이다. 천국복음의 전파이다. 그 첫 가르치심이 산상보훈(마5장~7장)이다.
　(2) 그 중에 첫 내용이 본문이다. 팔복의 강론이다. 그 내용은 다 심령에 관계된 신령한 것이다.

4. 묵상 :
주님의 가르치심에 귀를 기울이자. 그래서 참된 제자가 된다.
　(1) 생각　　　　　　　　　　　　　　　　　　　(5분)
　　① 주님이 기회 있을 때마다 가르치신 일을 생각하자.
　　② 처음으로 산위에서 가르치던 모습을 상상하자.
　　③ 참 복은 어떤 것인가? 나는 복된 사람인가?
　　④ 그 복을 얻기 위하여 어떤 노력을 했나?

(2) 주님이 이 시간 나에게 하시는 음성을 들어보자.　　(2분)
(3) 회개　　　　　　　　　　　　　　　　　　　　(3분)
　　① 주님의 가르치심을 예사로 대하지 않았나?
　　② 참 복을 등한히 하고 세속적인데 기울어지지 않았나?
(4) 결단　　　　　　　　　　　　　　　　　　　　(3분)
　　① 주님의 말씀을 귀중히 여기고 실천하는 모범적인 제자가 되자.
　　② 주님이 말씀한 참 복을 받아 누리자.
　　③ 복된 복음을 전하자.

5. 정리 (점검)　　　　　　　　　　　　　　　(2분)

○ 주기도문을 세 번 한다.　　　　　　○ 찬송 : 377장

묵상 안내지 8

그리스도의 공생애 : ② 병 고침(마 8:1~17)

○ 사도신경을 세 번 고백한다.　　　　○ 찬송 : 337장

1. 예비(기본) 설명(생각)　　　　　　　　　　(2분)

2. 본문 읽기 (단체 시 교독)　　　　　　　　(2분)
(마 8:1~17)

3. 본문 설명　　　　　　　　　　　　　　(5분)
(1) 예수님이 하신 일 중 가르치심 다음으로 중요한 일은 병을 고치신 일이다. 예수님은 죄짐을 지기 위해서, 병을 짊어지시기 위해서 오셨다.
(2) 한 나병환자를 그의 소원대로 고쳐 주셨다.
(3) 한 백부장의 하인의 중풍병을 그 백부장의 소원대로 고쳐 주셨다.
(4) 베드로의 장모의 열병을 고쳐 주셨다.

4. 묵상 :
예수님의 병을 고치신 능력, 고침 받은 자들의 믿음을 묵상
　(1) 생각　　　　　　　　　　　　　　(5분)
　　① 예수님은 하나님의 아들이시기 때문에 능히 병을 고치실 수 있다.
　　② 연약한 인생 : 질병으로 신음하는 인생 - 왜 병이 생기나?

③ 고침 받은 자들은 확실한 믿음이 있었다.
　　특히 한 백부장의 믿음을 생각해보자.
(2) 본문을 통하여 주님이 주시는 음성을 들어보자　　(2분)
(3) 회개　　　　　　　　　　　　　　　　　　　(3분)
　① 나의 약함, 질병의 원인을 생각해 보았나?
　② 믿음의 기도가 있었나?
　③ 남의 질병을 위해 기도하였나?
(4) 결단　　　　　　　　　　　　　　　　　　　(3분)
모든 악함, 질병에서 놓이기 위해 주님에 대한 전적인 믿음을 갖고 부르짖자

5. 정리 (점검)　　　　　　　　　　　　　　　　(2분)

　○ 주기도문을 세 번 한다.　　　　○ 찬송 : 338장

묵상 안내지 9

〈그리스도의 공생애〉: ③ 입성(마 21:1~11)

○ 사도신경을 세 번 고백한다.   ○ 찬송 : 424장

1. 예비(기본) 설명(생각)   (2분)

2. 본문 읽기 (단체 시 교독)   (2분)
   (마 21:1~11)

3. 본문 설명   (5분)

   (1) 예수님은 십자가를 지시기 위하여 예루살렘으로 들어가실 때 어떤 사람이 제공하는 나귀를 타고 가셨다.
   (2) 만왕의 왕이신 그가 나귀를 타신 것은 그의 겸손, 평화를 상징한다. 겸손히 십자가를 짐으로 평화를 이루어 승리할 것을 보인다.
   (3) 사람들은 종려나무 가지를 들고 "호산나 다윗의 자손이여"라고 외치면서 환영하였다.

4. 묵상 : 고난당하시기 위하여 나귀를 타고 들어가시는 주님의 모습, 심경을 깊이 묵상
   (1) 생각   (5분)
      ① 주님은 십자가 고난을 당하시기 위하여 스스로 예루살렘으로 들어가셨다.

② 나귀를 제공한 사람 – "주가 쓰시겠다." 즉시 순종.
　　　③ 나귀를 타신 의미? – 겸손, 평화
　　　④ 사람들은 "메시야 만세"를 부르면서 최대의 환영을 하였다.
　　　　그러나 며칠 후 "죽이라"고 소리지른다.
　(2) 하나님이 이 시간 내게 주시는 음성을 들어보자.　　(2분)
　(3) 회개　　　　　　　　　　　　　　　　　　　　　　(3분)
　　　① 나는 주님을 위한 고난에 자원하여 참여하는가?
　　　② 나는 "주가 쓰시겠다"고 할 때 내놓았는가?
　　　③ 나는 주님을 열열이 환영하나?
　(4) 결단　　　　　　　　　　　　　　　　　　　　　　(3분)
　　　① 적극적 봉사, 헌신
　　　② 주께 드리자.
　　　③ 주님을 맞아들이자.

5. 정리(점검)　　　　　　　　　　　　　　　　　　　　　(2분)

　○ 주기도문을 세 번 한다.　　　　　　○ 찬송 : 324장

묵상 안내지 10

<그리스도의 공생애> : ④ 발 씻기심(요13:1~17)

○ 사도신경을 세 번 고백한다.　　　　　○ 찬송 : 505장

1. **예비(기본) 설명(생각)**　　　　　　　　　　　　　(2분)

2. **본문 읽기 (단체 시 교독)**　　　　　　　　　　　(2분)
　(요 13:1~17)

3. **본문 설명**　　　　　　　　　　　　　　　　　　(5분)
　(1) 예수님은 십자가를 앞둔 시간에 "누가 높으냐?"고 생각하는 제자들의 발을 씻기셨다.
　(2) 베드로는 거절하다가 씻김을 받았다.
　(3) 예수님은 제자들에게 "본을 보였다"고 하셨다.

4. **묵상** : 발을 씻기시는 예수님의 입장과 씻김을 받은 제자들의 입장이 되어 보자.
　(1) 생각　　　　　　　　　　　　　　　　　　　　(5분)
　　① 제자들의 발을 씻기시는 예수님의 마음, 가룟 유다까지 씻기시는 예수님의 마음.
　　② 씻김 받는 제자들의 마음.
　　③ 발을 씻어주시는 의미 : 겸손, 날마다 회개와 용서
　　④ 목욕의 의미 : 근본 회개

(2) 하나님이 내게 하시는 음성을 들어보자　　(2분)
　　(3) 회개　　(3분)
　　　① 스스로 높다고 생각지 않았나?
　　　　내 발을 씻으라 하지 않았나?
　　　② 남의 발을 씻어준 일이 있나?
　　　③ 날마다 회개하였나?
　　(4) 결단　　(3분)
　　　① 남의 발을 씻어주자.
　　　② 날마다 회개하자.

5. 정리(점검)　　(2분)

　　○ 주기도문을 세 번 한다.　　　○ 찬송 : 507장

묵상 안내지 11

<그리스도의 수난, 죽음> : ① 기도(눅22:39~46)

○ 사도신경을 세 번 고백한다.　　　　○ 찬송 : 479장

1. 예비(기본) 설명(생각)　　　　　　　　　(2분)

2. 본문 읽기 (단체 시 교독)　　　　　　　(2분)
　(눅 22:39~46)

3. 본문 설명　　　　　　　　　　　　　　(5분)
　(1) 예수님은 십자가를 앞두고 겟세마네 동산에서 밤새워 기도하셨다.
　(2) 하나님의 뜻이 이루어지도록 간절히 기도하셨다.
　(3) 그러나 제자들은 다 졸고 잤다.

4. 묵상 : 예수님이 기도하신 일을 깊이 생각한다.
　　　　자신이 예수님의 입장이 되어 생각해 본다.
　(1) 생각　　　　　　　　　　　　　　　(5분)
　　① 예수님이 십자가를 앞둔 마음의 고통이 얼마나 컸을까?
　　② 그 고통을 극복하기 위한 기도를 간절히 하시다.
　　　"내 원대로 마옵시고 아버지의 원대로 하옵소서."
　　③ 그 심각한 시간에 제자들은 다 졸고 잤다.
　(2) 성령님이 내 마음 속에 어떤 느낌을 주시는가?　(2분)
　(3) 회개　　　　　　　　　　　　　　　(3분)

① 어려울 때 기도하지 않고 졸고 잔 죄.
② 간절함 없이 중언부언한 죄.
③ 이기적인 기도 : "내 뜻은 다 이루어주소서"
(4) 결단 (3분)
① 어려울 때 더욱 기도하자.
② 주님의 뜻이 이루어지도록, 나는 죽고 주님이 살게 하자.

5. 정리(점검) (2분)

○ 주기도문을 세 번 한다.   ○ 찬송 : 217장

묵상 안내지 12

〈그리스도의 수난, 죽음〉 : ② 잡히심(눅22:47~53)

○ 사도신경을 세 번 고백한다.　　　　　○ 찬송 : 137장

1. 예비(기본) 설명(생각)　　　　　　　　　　　　(2분)

2. 본문 읽기 (단체 시 교독)　　　　　　　　　　(2분)
　(눅 22:47~53)

3. 본문 설명　　　　　　　　　　　　　　　　　(5분)
　(1) 유다가 겟세마네 동산에 계신 예수님을 잡으려고 군인들을 데리고 왔다. 그는 예수님께 입맞춤으로 군호를 짜 예수님을 잡았다. 그 가증함은 말로 할 수 없다. 그러나 주님은 참았다.
　(2) 베드로는 분개하여 대제사장의 종의 귀를 베었다. 주님은 그 귀를 낫게 하시고 베드로에게 "참으라"고 하셨다. 주님은 그들을 멸할 수 있는 힘을 쓰지 않고 잡히셨다.

4. 묵상 : 예수님이 스스로 잡히신 일을 깊이 생각한다.
　　　　자신이 예수님의 입장이 되어 생각해 본다.
　(1) 생각　　　　　　　　　　　　　　　　　　(5분)
　　① 가룟 유다의 주님을 죽음으로 내모는 철저한 배신, 입맞춤으로 넘기는 가증함
　　　- 그것을 참는 주님의 고통을 생각한다.

② 베드로의 칼 사용, "참으라" 하시는 주님, 얼마든지 제압할 수 있으나 스스로 잡히시는 주님의 마음, 고통을 생각한다.
 (2) 주님이 내게 하시는 음성을 들어보자. (2분)
 (3) 회개 (3분)
   ① 나는 주님을 배반하지 않았나? 가장하지 않았나?
   ② 나는 힘, 혈기로 문제를 해결하려고 하지 않았나?
   ③ 나는 얼마나 참았나? 스스로 고난을 감수하였나?
 (4) 결단 (3분)
   ① 주님께 신실하자.
   ② 참고 고난을 당하자.
   ③ 언제나 자비, 온유를 나타내자.

5. 정리(점검) (2분)

○ 주기도문을 세 번 한다.   ○ 찬송 : 139장

묵상 안내지 13

〈그리스도의 수난, 죽음〉 : ③ **사형선고** (눅23:1~25)

○ 사도신경을 세 번 고백한다.　　　　○ 찬송 : 141장

1. 예비(기본) 설명(생각)　　　　　　　　　　　　(2분)

2. 본문 읽기 (단체 시 교독)(2분)
  (눅 23:1~25)

3. 본문 설명　　　　　　　　　　　　　　　　(5분)
  ⑴ 유대인들은 예수님을 빌라도에게 끌고 가 "죽이라"고 소리 질렀다.
  ⑵ 예수님의 죄를 찾지 못한 빌라도는 그냥 놓으려고 하였다.
  ⑶ 유대인들은 계속 소리 지르고 악을 썼다.
  ⑷ 빌라도는 "예수와 바라바(살인자), 둘 중에 누구를 사면할까"하고 물었다.
  ⑸ 유대인들은 바라바를 택했다.
  ⑹ 빌라도는 민심을 사고자하여 죄 없는 예수님께 사형선고를 내렸다.

4. 묵상 : 예수님이 사형선고 받은 끔직한 일을 생각한다.
　　　　　　예수님의 입장이 되어 생각해 본다.
  ⑴ 생각　　　　　　　　　　　　　　　　(5분)
    ① 유대인들의 터무니없는 고소, "무조건 죽여라"

– 묵묵히 듣고 참으시는 주님의 고통.

② "바라바를 놓아주고 예수를 십자가에 못 박으라"고 외치는 소리, 결국 바라바, 마귀적인 선택을 지켜보는 주님의 심정, 고통

③ 결국 인기를 얻기 위하여 무죄한 자에게 사형 언도하는 빌라도의 오판, 아무 말 없이 그것을 당하는 주님의 답답함, 고통

(2) 하나님이 나에게 하시는 음성을 들어보자.　　　(2분)

(3) 회개　　　(3분)

① 나는 예수님을 버리고 마귀 편에 서지 않았나?
② 나는 인기를 위하여 주님을 버리지 않았나?
③ 나는 잘못된 무리, 군중, 여론에 휩쓸리지 않았나?

(4) 결단　　　(3분)

① 죄 없는 죄인을 만들지 말자.
② 나 혼자라도 예수님을 붙들자.
③ 양심을 따라 판단, 행동하자.

5. 정리(점검)　　　(2분)

○ 주기도문을 세 번 한다.　　　○ 찬송 : 146장

묵상 안내지 14

<그리스도의 수난, 죽음> : ④ 죽으심 (마27:27~56)

○ 사도신경을 세 번 고백한다.　　　　○ 찬송 : 144장

1. 예비(기본) 설명(생각)　　　　　　　　　　　　　　(3분)

2. 본문 읽기 (단체 시 교독)　　　　　　　　　　　　(3분)
  (마 27:27~56)

3. 본문 설명　　　　　　　　　　　　　　　　　　　(5분)
  (1) 사형언도 후 로마 군인들이 희롱하고 갖은 모욕을 다했다.
  (2) 십자가를 지고 골고다 언덕으로 가셨다(시몬이 억지로 지고 가다).
  (3) 십자가에 못 박히다. 양쪽에 강도 둘이 못 박히다.
  (4) 온갖 욕설, 비난, 모욕을 당했다.
  (5) 큰 고통 후에 6시간 만에 운명하셨다.
  (6) 많은 이적이 일어나 하나님의 아들임을 증명되었다.

4. 묵상 : 예수님의 모든 고통을 깊이 새기자.

  (1) 생각　　　　　　　　　　　　　　　　　　　　(5분)
    ① 십자가에서 육신이 당한 극심한 고통, 피를 다 쏟다. 목마르다.
    ② 욕설, 비난, 희롱, 모욕당한 정신적 고통, 유다로부터 당

한 배신, 제자들로부터 버림받은 정신적 고통.
③ 만인의 죄 짐을 다 지신 영적 고통, 하나님 아버지로부터 버림받은 영적 고통.
(2) 하나님이 이 사실에서 나에게 주시는 음성을 들어보자.
(2분)
(3) 회개 (3분)
① 주님의 십자가의 고통을 예사로 여기지 않았나?
② 주님의 그 사랑을 등한히 여기지 않았나?
③ 그 크신 사랑을 증거 하지 못한 죄.
(4) 결단 (3분)
① 항상 주님의 고난, 사랑을 마음에 새기자.
② 항상 그 고난, 사랑을 증거 하자.

5. 정리(점검) (2분)

○ 주기도문을 세 번 한다. ○ 찬송 : 145장

묵상 안내지 15

<그리스도의 수난, 죽음> : ⑤ 장사(마27:57~66)

○ 사도신경을 세 번 고백한다.　　　　　○ 찬송 : 136장

1. 예비(기본) 설명(생각)　　　　　　　　　　　　　(3분)

2. 본문 읽기 (단체 시 교독)　　　　　　　　　　　(3분)
　(마 27:57~66)

3. 본문 설명　　　　　　　　　　　　　　　　　　(3분)
　⑴ 운명하자, 아리마대 부자 요셉이 자기의 새 무덤에 장사 지냈다.
　⑵ 막달라 마리아, 다른 마리아가 무덤을 향해 앉아 있었다.
　⑶ 대제사장들, 바리세인들이 파수군을 시켜 무덤을 지켰다.
　⑷ 이렇게 하나님의 아들이 시체가 되어 무덤에 묻히셨다.

4. 묵상 : 땅 속에 묻히신 주님의 낮아지심, 처참함을 새기자.
　⑴ 생각　　　　　　　　　　　　　　　　　　　(5분)
　　① 죽어 땅속에 묻히신 처참한 고통.
　　② 장사 지낸 아리마대 요셉의 정성, 담대함.
　　③ 여인들의 지극한 정성.
　　④ 끝까지 무덤을 지키는 불신앙, 악랄함.

　⑵ 주님이 내게 주시는 음성을 들어보자.　　　　(2분)

(3) 회개　　　　　　　　　　　　　　　　　　(3분)
　　① 주님의 묻히심을 깊이 생각하지 못하지 않았나?
　　② 교회가 어려울 때 나서지 않았지 않은가?
(4) 결단　　　　　　　　　　　　　　　　　　(3분)
　　○ 어려울 때, 다 무관심할 때 용감하게 나서자.

5. 정리(점검)　　　　　　　　　　　　　　　(2분)

○ 주기도문을 세 번 한다.　　　　○ 찬송 : 147장

묵상 안내지 16

<그리스도의 수난, 죽음> : ⑥ 성만찬(막14:12~25)

○ 사도신경을 세 번 고백한다.　　　　　○ 찬송 : 284장

1. 예비(기본) 설명(생각)　　　　　　　　　　　　　(3분)

2. 본문 읽기 (단체 시 교독)　　　　　　　　　　　(3분)
　(막 14:12~25)

3. 본문 설명　　　　　　　　　　　　　　　　　　(5분)
　(1) 어떤 사람이 제공하는 다락방에서 유월절을 예비하다.
　(2) 가룟 유다도 함께 먹었다. 그는 예수님의 지적을 받고도 가책이 없었다.
　(3) 떡을 나누면서 "이것은 내 몸이다", 잔을 나누면서 "이것은 많은 사람을 위하여 흘리는 나의 피, 곧 언약의 피다"라고 하셨다.
　(4) 이 최후의 만찬은 최초의 성만찬이다.
　(5) 성만찬은 예수님의 대속의 죽음을 기념, 전하는 것이다.

4. 묵상 : 성만찬을 제정하시는 예수님의 마음을 깊이 새기자.

　(1) 생각　　　　　　　　　　　　　　　　　　　(5분)
　　① 유월절 만찬 장소를 제공하는 무명의 봉사자.
　　② 유다에게도 차분히 말씀하시는 주님.

③ 성만찬의 의미 : 예수님의 희생 기념, 전파.

④ 성만찬을 제정하시는 주님의 마음.

(2) 하나님이 나에게 말씀하시는 음성을 들어보자.   (2분)

(3) 회개   (3분)

① 숨은 봉사를 한 일이 없지 않은가?

② 예수님의 십자가의 희생을 늘 기억하지 못하지 않았나?

(4) 결단   (3분)

① 주님이 우리를 위해 죽으심을 늘 기념하자, 전하자.

② 아무리 괴롭히는 자라도 관대하게 대하자.

5. 정리(점검)   (2분)

○ 주기도문을 세 번 한다.   ○ 찬송 : 185장

묵상 안내지 17

<그리스도의 부활> : ① 부활의 사실 (막 16:1~13)

○ 사도신경을 세 번 고백한다.　　　　○ 찬송 : 157장

1. 예비(기본) 설명(생각)　　　　　　　　　　　　　(3분)

2. 본문 읽기 (단체 시 교독)　　　　　　　　　　　(3분)
   (막 16:1~13)

3. 본문 설명　　　　　　　　　　　　　　　　　　(5분)
   (1) 예수님은 안식일 후 첫날(주일) 새벽에 부활하셨다.
   (2) 향품을 바르기 위하여 간 여자들에게 천사가 부활 사실에 대하여 말하였다.
   (3) 살아나신 주님은 일곱 귀신을 쫓아내어주신 막달라 마리아에게 매 처음 나타나셨다.
   (4) 시골로 가던 두 제자들에게도 나타나셨다.

4. 묵상 : 십자가에서 죽으신 후 3일 만에 부활하신 주님의 능력을 깊이 새기자.

   (1) 생각　　　　　　　　　　　　　　　　　　(5분)
   ① 부활 – 놀라운 기적 – 하나님의 능력으로 된 일.
   ② 성경의 예언대로, 주님의 말씀대로 이루어지다.

③ 맨 처음 부활하신 주님을 본 막달라 마리아.

④ 부활하신 주님을 본 자들의 증거.

⑤ 주님의 부활을 믿지 아니하는 제자들.

(2) 하나님이 지금 나에게 말씀하시는 음성을 들어보자. (2분)

(3) 회개 (3분)

① 주님의 부활을 항상 기억하고 기뻐하는가?

② 주님의 부활을 증거 했는가?

(4) 결단 (3분)

① 주님의 부활을 항상 기뻐하자.

② 주님의 부활을 날마다 증거하자.

5. 정리(점검) (2분)

○ 주기도문을 세 번 한다.   ○ 찬송 : 159장

묵상 안내지 18

<그리스도의 부활> : ② 예수 부활 = 우리 부활(고전15:12~28, 50~58)

○ 사도신경을 세 번 고백한다.　　　　　○ 찬송 : 155장

1. 예비(기본) 설명(생각)　　　　　　　　　(3분)

2. 본문 읽기 (단체 시 교독)　　　　　　　(5분)
　(고전 15:12~28, 50~58)

3. 본문 설명　　　　　　　　　　　　　　(5분)
　(1) 바울은 부활에 대하여 깊이 논했다.
　(2) 그리스도가 부활하므로 우리도 부활하게 된다.
　(3) 주님이 재림할 때 성도는 다 부활한다.
　(4) 부활신앙자의 삶 :
　　　○ 사망을 두려워하지 않는다.
　　　○ 이김, 감사, 견고함의 생활을 한다.
　　　○ 주의 일에 힘쓴다.

4. 묵상 : 부활의 신비를 깊이 묵상한다.
　(1) 생각　　　　　　　　　　　　　　　(5분)
　　① 복음의 핵심 – 주님의 십자가와 부활.
　　② 주님의 놀라운 이적의 부활, 할렐루야!
　　③ 우리도 죽음을 정복하고 부활하리라.

④ 부활하신 주님을 본 자들의 증거.
⑤ 부활신앙자로의 삶을 살자, 전하자.

(2) 하나님이 내게 주시는 음성을 들어보자. (2분)
(3) 회개 (3분)
  ① 항상 부활의 감격 속에 살지 못함
  ② 부활을 힘차게 증거 하지 못함
(4) 결단 (3분)
  ① 부활의 감격이 넘치도록 하자.
  ② 힘써 전파하자.

5. 정리(점검) (2분)

○ 주기도문을 세 번 한다.   ○ 찬송 : 154장

묵상 안내지 19

<그리스도의 승천, 성령감림, 재림> : ③ **승천**(막16:19~20, 행1:1~11)

○ 사도신경을 세 번 고백한다.　　　　○ 찬송 : 155장

1. 예비(기본) 설명(생각)　　　　　　　　　　　(3분)

2. 본문 읽기 (단체 시 교독)　　　　　　　　　(3분)
   (막 16:19~20, 행1:1~11)

3. 본문 설명　　　　　　　　　　　　　　　　(5분)
   (1) 예수님은 부활하신 후 40일간 세상에 계시면서 보이시고, 하나님 나라의 일을 말씀하셨다.
   (2) 그리고 마지막으로 "성령을 받기 위하여 예루살렘에서 기다리라. 성령을 받으면 땅 끝까지 이르는 증인이 된다"고 하셨다.
   (3) 마지막으로 복음전파를 부탁하고 하늘나라로 올라가셨다.

4. **묵상** : 주님의 마지막을 조용히 생각하자.
   (1) 생각　　　　　　　　　　　　　　　　(5분)
      ① 부활 후 나타나신 일 그리고 하신 말씀들.
      ② 성령을 받기 위하여 할 일(기도), 받으면 할 일(전도).
      ③ 주님의 유언의 부탁, "땅 끝까지 이르는 증인이 되라."
      ④ 하늘로 올라가시는 주님의 모습, 거기서 주님이 하시는 일.
   (2) 하나님이 내게 하시는 음성을 들어보자.　　(2분)

(3) 회개   (3분)
   ① 나는 성령충만을 위하여 기도하는가?
   ② 나는 주님의 부탁, 전도를 열심히 하는가?

(4) 결단   (3분)
   ① 늘 하나님 우편에 계신 주님을 기억하자.
   ② 기도하여 성령 충만을 받자.
   ③ 복음의 증인이 되자.

5. 정리(점검)   (2분)

○ 주기도문을 세 번 한다.   ○ 찬송 : 545장

묵상 안내지 20

<그리스도의 승천, 성령감림, 재림> : ④ **성령강림**(행1:4~8, 2:1~13, 37~47)

○ 사도신경을 세 번 고백한다.   ○ 찬송 : 155장

1. 예비(기본) 설명(생각) (3분)

2. 본문 읽기 (단체 시 교독) (3분)
 (행1:4~8, 2:1~13, 37~47)

3. 본문 설명 (5분)
 (1) 승천 직전 주님은 성령강림을 기다리라 하셨고, 성령을 받으면 권능을 받아 증인이 된다고 하셨다.
 (2) 그들은 모여서 합심하여 간절히 기도하였다. 그러자 성령의 강림이 있었다. 그 강림은 바람 소리, 불의 모양으로 나타났다.
 (3) 성령의 강림으로 성령이 충만하게 되었다. 그들은 기쁨이 넘치고 용기백배하게 되었다.
 (4) 성령이 충만한 제자들은 능력 있게 복음을 전하게 되었다. 그 결과 회개하고 믿는 자가 많이 나오게 되었다.
 (5) 새로 이루어진 초대교회는 말씀을 배우고, 기도하고, 교제하는 사랑을 실천하는 모범을 보였다.

4. 묵상 : 성령 강림의 사실, 그 결과 성령 충만한 제자들의 모습

을 조용히 생각하자

 (1) 생각   (5분)

  ① 성령의 충만을 기다림은 주로 어떻게 하는 것인가?

   - 모여서 합심하여 간절히 기도하는 것이다.

  ② 우리는 왜 전도하지 못하는가? 전도의 열매가 없는가?

   - 성령 충만하지 못함으로 능력이 없기 때문이다.

  ③ 우리 교회 모습은 어떠한가? 모범적인 것이 있는가?

  ④ 나는 우리 교회에서 어떤 역할을 하는가?

 (2) 하나님이 내게 하시는 음성을 들어보자.   (2분)

 (3) 회개   (3분)

  ① 성령 충만을 위하여 기도하지 못한 죄.

  ② 열심히 전도하지 못한 죄.

  ③ 아름다운 신앙생활을 하여 모범을 보이지 못한 죄.

 (4) 결단   (3분)

  ① 성령 충만을 위하여 기도하자.

  ② 열심히, 때를 얻든지 못 얻든지 전도하자.

  ③ 모범적인 신앙생활로 칭찬 듣고, 영광을 돌리자.

5. 정리(점검)   (2분)

 ○주기도문을 세 번 한다.   ○찬송 : 173장

묵상 안내지 21

<그리스도의 승천, 성령감림, 재림> : ⑤ 재림(살전4:13~18)

○ 사도신경을 세 번 고백한다.　　　　○ 찬송 : 155장

1. 예비(기본) 설명(생각)　　　　　　　　　　　　(3분)

2. 본문 읽기 (단체 시 교독)　　　　　　　　　　(3분)
  (살전4:13~18)

3. 본문 설명　　　　　　　　　　　　　　　　　(5분)
  (1) 주님은 다시 오실 것이다. 가심을 본 그대로 오실 것이다. 호령, 천사장의 소리, 하나님의 나팔 소리 중에 오신다.
  (2) 그때 주 안에서 죽은 자는 다 부활한다. 살아있는 자는 변화한다.
  (3) 그때 주님은 불신 세상을 심판한다.
  (4) 부활한, 변화한 성도들은 공중에서 주를 맞이한다.

4. **묵상** : 우주의 종말을 바라보자.
  (1) 생각　　　　　　　　　　　　　　　　　　(3분)
    ① 주님이 오실 때의 모습.
    ② 성도의 부활, 변화, 주 영접.
    ③ 무서운 심판.
    ④ 천국의 영화.
  (2) 하나님이 내게 하시는 음성을 들어보자.　　　(2분)

(3) 회개 (3분)
　① 이 세상에 취하여 주님의 재림, 심판을 잊고 살지 않나?
　② 이 세상에 취하여 천국 소망이 희미해지지 않았나?
(4) 결단 (3분)
　① 늘 주님을 기다리자.
　② 주님 맞을 준비하자.

5. 정리(점검) (2분)

　○ 주기도문을 세 번 한다.　　　　○ 찬송 : 162장

3. 4일간의 특수 묵상
(매일 오전, 오후 2회 한다.)

1) 강림절 - 예수님의 탄생, 생애 묵상
 (1) 1일 : **탄생, 공생애 묵상** / 4일간의 묵상 제2일

 (2) 2일 : **국내 성지 순례**
　성도들이 예수님의 고난당하신 역사적 현장들과 초대교회의 발자취를 살피면서 자신의 신앙을 점검하고 재정립하는 것도 좋다. 하지만 해외에 있는 성지를 방문하는 것은 현실적으로 어렵다. 이를 위해 국내성지순례를 하는 것도 좋은 경험이 될 수 있다. 현제 '한국성지순례선교회' 등 많은 단체가 국내 성지순례 프로그램을 진행하고 있어 관심만 가지면 쉽게 성지 순례에 참여할 수 있다.
　현재 국내에 초기의 선교사들과 한국 초대 기독교인들이 흘린 피와 헌신, 삶과 정신이 묻어있는 기독교성지가 전국적으로 50여여 개가 넘는다.
　지역별로 보면 서울·경기지역에는 양화진 외국인묘지와 용인 순교자 기념관, 총신대의 소래교회, 발안 제암리교회가 있으며, 충청지역에는 해미 생매장 순교성지, 유관순 생가와 매봉교회 등이 유명하다. 또 전라도에서는 김제 금산 ㄱ자교회, 영광 야월교회, 염산교회, 여수 애양원 등이 있다. 제주도에는 제주 성안교회(성내교회), 제주 영락교회, 제주 자연사박물관, 하멜기념관과 제주도 최초의 현지 목사인 이도정 목사의 순교비가 있는 대정교회 등이 있다.

(3) 3일 : **수난 (죽음) 묵상** / 4일간의 묵상 제3일
(4) 4일 : **부활, 승천, 성령강림 묵상** / 4일간의 묵상 제4일

※ 밤에는 "관상으로 가는 길"(주님을 내 마음에 모시기 위한 단순 묵상기도)에 따라 기도한다.

2) 고난 주간 : 주님의 고난 묵상

◎ 4일간의 묵상(주님에 대한 묵상)이 가장 적합하지만 여기서는 새로운 모델을 보인다.

(1) 1일 : **등산**
- 뜻이 통하는 자를 모은다.
- 급경사가 심한 산을 택한다(4시간 정도).
- 오를 시 담화를 그치고 주님이 십자가를 지고 골고다 언덕을 오른 것을 생각한다.
- 정상에서 십자가 고난을 깊이 묵상한다.
- 하산 시 운명하여 무덤에 장사된 것을 생각한다.

(2) 2일 : **말씀 쓰기, 외우기**(2,4일은 지루하면 섞어서 하기도 한다)
- 먼저 사도신경을 고백하고 수난 찬송을 부른다.
- 성경을 쓴다. 마26장~2장, 막14장~16장, 눅22장~24장, 요18장~21장 중 하나를 택한다.
- 쓰면서 은혜 되는 부분이 있으면 깊이 새긴다.
- 은혜 되는 부분의 중요 구절을 외운다.
- 주기도를 하고 수난 찬송을 부른다.

(3) 3일: **도우기**

○ 감사한 마음으로 한다.

○ 노약자, 장애인 등 도울 자를 미리 정한다.

○ 며칠 전부터 도우면서 복음 전할 수 있도록 기도한다.

○ 하루 종일 돕는 일을 계속한다.

○ 마친 후 하루를 돌아보고 점검한다.

(4) 4일: **찬송 부르기, 외우기**(지루하면 2,4일은 섞어서 하기도 한다).

○ 먼저 사도신경을 외운다.

○ 십자가에서 수난당하는 말씀을 읽고 생각한다.

　마27:32~56, 막15:21~41, 눅23:32~49, 요19:17~30 중에서 택하여 읽는다.

○ 수난 찬송을 부른다(134~148장).

○ 은혜가 되는 찬송은 계속 반복하여 부른다.

○ 그러면서 외워서 부르도록 한다.

○ 주기도를 한 후 마친다.

※ 밤에는 "관상으로 가는 길"(주님을 마음에 모시기 위한 단순 묵상 기도)에 따라 기도한다.

※ 참고로 종려주일부터 고난주간, 부활주일까지 8일의 예수님의 행적을 차례로 묵상하고 싶은 분들을 위하여 차례를 따라 그 행적을 정리하였다(묵상은 8일간 하든지, 4일간 하든지 형편에 따라 하라).

요일	예수님의 행적	묵상할 말씀
일 종려주일 개선의 날	• 예루살렘에 입성 • 성을 바라보시며 우심	막11:1~11 눅19:28~44
월 권위의 날 성전청결의 날	• 무화과나무를 저주하심 • 성전을 청결케 하심 • 소경과 저는 자를 고치심	막21:12~21 막11:12~17 눅19:45~48
화 변론의 날	• 예수님의 권위에 대한 질문 • 두 아들, 악한 농부, 혼인잔치 비유 • 지도자들과 논쟁 • 예루살렘 멸망에 대한 경고 • 유다의 반역	마21:23~41, 마22:1~46 마23:1~39, 막11:27~33 막12:1~44, 눅20:1~47 눅21:1~4
수 침묵의 날 음모의 날	• 대환난과 징조, 장래일을 말씀하심 • 열 처녀, 달란트의 비유 • 예수님을 죽이기 위한 음모	마24:1~42, 마25:1~46 마26:1~16, 막13:1~37 막14:1~11, 눅21:1~36
목 번민의 날 준비의 날	• 최후의 성만찬 • 제자들의 발을 씻기심 • 예수님의 고별설교와 중보기도 • 예루살렘을 바라보시며 우심	마26:17~56, 14:12~52 눅22:7~53, 요13:1~30 요14:1~31
금 수난의 날	• 배반당하고 잡히신 예수님 • 공회 앞에 서신 예수님 • 빌라도의 심문을 받으심 • 십자가에 돌아가심	마26:57~68, 마27:1~66 눅22:54~71, 눅23:1~56 요18:13~40, 요19:1~42
토 안식의 날 비애의 날	• 요셉의 무덤 안에 계신 예수님 • 제자들의 귀향	마27:57~66
일 부활주일	• 부활하신 예수님 • 막달라 마리아를 위로하심 • 제자들에게 나타나심 • 먼저 갈릴리로 가심	마28:2~20, 막16:1~20 눅24:1~29, 눅21:1~24 요20:1~29, 요21:1~24

3) 성령 강림절 : 성령 대망 묵상

(매일 오전, 오후 2회 한다)

○ 사도신경을 세 번 해야 한다.　　　　○ 찬송 : 167장

조용히 천천히 읽으면서 마음에 새긴다. 성경 말씀을 찾아 읽으면 더 좋다.

⑴ 1일 : ○ 성령은 누구신가?

① 성령은 하나님이다. 삼위일체의 한 위가 되신다.
　　(행5:3,4,마28:19~20,고후13:13)
② 성령은 지성, 감성, 의지가 있는 인격자이시다.
　　(요15:26, 16:7,8,13, 고전2:13, 롬8:26, 고전12:11)
③ 성령의 이름과 상징은 성령이 누구신지 설명한다.

* 이름 :

성령(요15:26), 은혜의 영(히10:29), 소멸하는 영(사4:4), 진리의 성령(요14:17), 생명의 영(롬8:2), 지혜와 지식의 영(사11:2), 약속의 성령(엡1:13), 영광의 영(벧전4:14), 하나님의 성령(고전3:16), 그리스도의 영(롬8:9), 보혜사(요14:16,15:26)

* 상징 :

물(요7:37~39), 불(마3:11,12), 바람(요3:8), 기름(삼상16:13), 비둘기(마3:16,17), 인(印)(엡1:13)

◎ **성령 충만의 역사**

　* 오순절: (행1:4~8, 2:1~13, 37~47)

- 승천 직전 주님은 성령 강림을 기다리라 하셨고 성령을 받으면 권능을 받고 증인이 된다고 하셨다.
- 그들은 모여서 합심하여 간절히 기도하였다. 그러자 성령이 강림하였다. 그 강림은 바람 소리, 불의 모양으로 나타났다.
- 제자들은 성령의 강림으로 성령이 충만하게 되었다. 그들은 기쁨이 넘치고 용기백배하게 되었다.
- 성령이 충만한 제자들은 능력 있게 복음을 전하게 되었다. 그 결과 회개하고 믿는 자가 많이 나오게 되었다.
- 새로 이루어진 초대교회는 말씀을 배우고, 기도하고, 교제하고, 사랑을 실천하는 모범을 보였다.

* 한국 평양 :
1907년 평양에서 성령 충만으로 인한 부흥 운동이 일어난다.
- 길선주 목사가 새벽기도로 성령 충만, 부흥의 열정을 가지게 하다.
- 사경회시 말씀 공부와 기도로 성령을 맞을 준비하다.
- 저녁 집회 시 통성 기도하면서 큰 회개가 일어나다.
- 성령 충만하여 전국에서 큰 전도운동이 일어나다.

○ 주기도문 세 번 한다.　　　　　　○ 찬송 : 172장

(2) 2일 : **성령으로 충만하라**(엡2:1~13, 엡5:15~21)

○ 사도신경을 세 번 고백 한다.　　　　○ 찬송 ： 169장

　① 성령 충만의 필요
- 하나님의 뜻대로 살므로 기쁘게, 감사, 찬송하며, 복종하는 삶을 살기 위함이다(엡5:15~21)
- 복음을 전하기 위함이다(마28:19~20, 행1:8)
- 부패한 세대를 바로 잡기 위함이다(롬1:26~32, 빌 3:18~19)
- 극심한 악마의 발악을 이기기 위함이다(벧후5:8~9).

　② 누구나 성령 충만을 받을 수 있나?
- 누구나 원하는 자는 다 성령 충만을 받을 수 있다.
  (욜2:28~29, 행2:17, 요7:37~39)

　③ 성령 충만을 받는 방법
- 성령충만에 대한 믿음을 가져야 한다(행1:4~5, 2:17).
- 술 취하지 말아야 한다(엡 5:18).
- 순종해야 한다(삼상 15:22~23, 히 13:17).
- 회개해야 한다(요일1:8~16).
- 기도해야 한다(행2:1).

○ 주기도를 세 번 한다.　　　　　　　○ 찬송: 173장

(3) 3일 : **성령의 열매, 은사의 특성**

○사도신경을 세 번 고백 한다.　　　　　○찬송 : 177장

① 열매
　* 바울이 말한 9가지 열매
　　㉠ 사랑(요일4:10~11, 롬12:10)
　　㉡ 희락(요15:11, 살전1:6)
　　㉢ 화평(요14:17, 롬15:13)
　　㉣ 오래 참음(히10:36, 갈6:9)
　　㉤ 자비(딤후2:24, 약3:17)
　　㉥ 양선- 자선행위 (마6:2~4, 약1:27)
　　㉦ 충성(고전4:1~2, 계2:10)
　　㉧ 온유(마11:28~29, 마5:5)
　　㉨ 절제(고전9:25~27, 벧후1:5~7)

　* 전도(행1:8, 2:5~47)

② 은사
　　* 고전12:4~11
　• 지혜와 말씀의 은사
　• 지식의 말씀의 은사
　• 믿음의 은사
　• 병 고치는 은사
　• 능력 행하는 은사
　• 예언의 은사

- 영들 분별함의 은사
- 방언의 은사
- 방언 통역의 은사

　* 고전12:28
- 사도
- 선지자
- 교사
- 서로 돕는 것
- 다스리는 것

　* 롬 12:8
- 권위하는 자
- 구제하는 자
- 긍휼을 베푸는 자

※ 성령의 열매를 맺고 은사를 받기 위해서는
　 간절히 사모하며 기도해야 한다(고전 12:31, 14:1).

○ 주기도를 세 번 한다.　　　　　　○ 찬송 : 178장

(4) 4일 : **능력 있는 전도**

○ 사도신경을 세 번 고백한다.　　　　○ 찬송 : 181장

① 전도는 주님이 제자를 양육한 제1목적이다(마 4:19).
② 전도는 주님의 유언의 명령이다(마28:16~20).
③ 전도는 성령 충만의 제1목적이다(행1:8).
④ 성령 충만한 제자들의 능력 있는 전도(행2:1~47).

- 겁없이 담대하게 전하다(행2:4,14).
- 각국 방언으로 전하다(행2:6~12).
- 소리 높여 복음의 진수를 설파하다(행2:14~36).
- 회개하고 믿은 자가 하루에 3000명, 5000명이 되었다(행 2:37~41, 4:1~4).
- 그들은 믿고 신자가 되었다(행2:42~47).

※ 오전에 묵상, 오후에는 전도를 실행한다.

○ 주기도를 세 번 한다.　　　　○ 찬송 : 179장

※ 밤에는 "관상으로 가는 길" (주님을 마음에 모시기 위한 단순 묵상 기도)에 따라 기도한다.

4) 감사절 : 감사 묵상

(1) 1일 : **감사의 시**

○ 사도신경을 세 번 고백한다.　　　　○ 찬송 : 403장

① 시편의 감사시 : 135편, 136편, 146~150편
* 방법 1 : 조용히 천천히 읽으면서 마음에 와 닿는 대로 감사한다.
* 방법 2 : "거룩한 독서"(관상으로 가는 길)의 방법으로 묵상, 관상한다.
② 기독 시인들의 감사시
　평소에 기독 시인들의 좋은 감사시를 모아서 사용한다.

(2) 2일 : **도우기**

① 예수님의 사랑에 감사한 마음으로 한다. 기회가 되는대로 전도한다.
② 소년 소녀 가장, 독거노인, 장기 환자 등 어려운 이웃을 방문하여 돕는다. – 청소, 장봐주기, 외출도우기, 말벗 돼주기 등을 한다.
③ 양로원, 고아원 등을 방문하여 봉사한다.

○ 주기도를 세 번 한다.　　　　○ 찬송 : 404장

(3) 3일 : **일반은총**

○ 사도신경을 세 번 고백한다.　　　　○ 찬송 : 78장

○ 조용히 천천히 읽으면서 생각한다. 성경 말씀을 찾아 읽으면서 더욱 깊이 생각한다.

① 자연계
  ㉠ 창조
- 하나님은 6일 안에 오직 말씀으로 천지 만물을 다 지으셨다 (창1:1~31).
- 하나님은 전능하셔서 다만 말씀으로 천지 만물이 있게 하셨다.
- 방대한 우주, 별들의 세계, 헤아릴 수 없다.
  - 그 중에 지구만이 생물이 살 수 있다.
  - 수많은 식물, 동물, 그 솜씨가 아주 기묘하다.
- 인간을 창조의 면류관, 만물의 영장으로 지으셨다.
  - 인간은 피조물 중에서 가장 뛰어난다. 우주를 다스린다.
  - 인간의 뇌는 어떤 컴퓨터보다 뛰어나다. 우주선도 인간의 뇌에서 나왔다.
  - 하나님의 형상, 모양대로 지어져 하나님을 섬긴다.
  ㉡ 섭리
- 보존: 피조물이 있게 하신다(시63:8, 느9:6, 행17:28, 골1:17, 히 1:3).
- 협력: 피조물에게 힘을 주어 일하게 하신다(시104:20,21,30, 암3:6, 신8:18, 마5:45, 10:29, 행14:17).
- 통치: 피조물이 그 존재 목적에 맞도록 다스리신다(사33:22, 시47:9).

◎ 생각 : *이 모든 일을 깊이 생각하며 감사하고 찬송한다.
- 지구의 공전, 자전의 방향과 속도가 일정하다.

- 지구가 무섭게 달리지만 우리는 그 속도, 소리를 전혀 못 느낀다. 느낀다면 죽을 수밖에 없다.
- 지구가 태양에서 조금만 가까워지면 우리는 타 죽고 조그만 멀어지면 얼어 죽는다.
- 과학이 아무리 발달해도 인간과 같은 로봇을 만들 수 없다.
- 아무리 지능이 낮은 자라도 그의 잠재의식 속에 일생의 모든 것이 저장되어 있다.
- 어떤 영리한 동물도 하나님께 예배할 수 없다.
  - 인간만이 하나님을 예배하고 섬긴다.

② 인류 생활
  ㉠ 형의 집행유예 : 당장 멸하지 않고 참으신다
    (창6:3, 시81:12, 롬 1:24,26,28).
  ㉡ 죄의 제재(창20:6, 31:7, 왕하 19:28).
  ㉢ 진리, 도덕, 종교의식 고취(눅6:33, 롬2:14,25).
  ㉣ 다수의 자연적 행복- 악인에게도 비를 주신다
    (시145:15,16, 행14:16,17, 마5:44,45, 눅6:35,36).

○ 주기도를 세 번 한다.　　　　　　　　○ 찬송 : 53장

(4) 4일 : **특별은총**

○사도신경을 세 번 고백한다. ○찬송:144장

① 이것은 하나님이 우리를 구원하는 은총이다(엡 2:1~10).
본문을 주의 깊게 읽고 아래 설명을 마음에 깊이 새긴다.

㉠ 구원 받기 전의 우리의 상태:
- 허물과 죄로 죽었다(1절).
- 이 세상 풍속을 좇다(2절).
- 공중 권세 잡은 자, 불순종의 아들들 중에서 역사하는 영(마귀)을 따르다(2절).
- 육체의 욕심을 따라 지내다(3절). - 진노의 자녀

㉡ 구원받은 우리의 상태
- 사랑으로 그리스도와 함께 살리다(4,5절).
- 하나님의 자녀 되어 천국가게 한다(6절).
- 이것은 은혜, 선물이다(5,7,8절).

㉢ 구원받은 우리의 할 일
- 그 은혜의 지극히 풍성함을 나타내야 한다(7절).
- 자랑치 말고 감사해야 한다(9절).
- 선한 일을 위하여 지음을 받은 자로 선한 일에 몰두해야 한다(10절).

② 구원의 순서(롬8:30)

- 구원의 순서를 자세히 살피면서 묵상한다.
- 성경 말씀을 찾아 읽으면서 더 깊이 생각한다.

㉠ 소명 (Colling) :
하나님은 죄인을 부르신다(고전1:9 마11:28, 요15:26).
㉡ 중생 (Regeneration) :
하나님은 죄인을 거듭나게 하신다(요3:3,5).
㉢ 회심 (Conversion) :
하나님은 죄인이 회개하게 하신다(마4:17, 행2:28).
㉣ 신앙 (Faith) :
하나님은 회개한 자가 믿게 하신다(롬1:17, 10:9~10).
㉤ 칭의(의인) (Justification) :
하나님은 믿는 자를 의롭다 하신다 (롬3:22,26, 4:2~8, 갈2:16).
㉥ 성화 (Sanctification) :
하나님은 의롭다 하신 자를 성화시키신다(롬6:11~13, 골3:5~8, 12~17).
㉦ 성도의 견인 (Perseverance of the Saints) :
하나님은 성도가 끝까지 견디고 이기게 하신다(빌1:16, 살후3:3, 딤후4:18).
㉧ 영화 (Glorification) :
하나님은 성도가 기어이 천국의 영화를 누리게 하신다
(빌3:20,21, 눅23:43)

○ 생각
- 우리의 죄(원죄, 자범죄)는 너무 더럽다.
- 우리는 그 죄 때문에 모든 고통, 질병, 죽음, 지옥 형벌을 당한다.

- 예수님은 우리 죄 때문에 십자가에서 죽으셨다.
    그 사랑은 한이 없다. 바다보다 넓고 하늘보다 높다.
- 우리는 그 예수님을 믿기만 하면 구원을 받는다.
    – 전적 은혜, 선물이다.
- 우리는 구원받아 만왕의 왕이신 하나님의 왕자, 공주가 되었다.
- 우리는 부활하여 영원한 복락원, 천국에서 하나님을 찬양할 것이다.
- 이 특별한 구원의 은총을 깊이 생각하면서 감사, 찬양한다.

○ 주기도를 세 번 한다.   ○ 찬송 :405장

※ 밤에는 "관상으로 가는 길" (주님을 마음에 모시기 위한 단순 묵상 기도)에 따라 기도한다.

5) 연초 새 출발 묵상
(매일 오전, 오후 2회 한다)

⑴ 1일 : **새로운 시작**
○ 사도신경을 세 번 고백한다.　　　　○ 찬송 : 424장

○ 성경 말씀을 읽고 설명을 읽으면서 묵상한다.

① 창조(창1:~31)
　㉠ 하나님은 6일 안에 오직 말씀으로 천지 만물을 다 지으셨다(창1:1~31).
　㉡ 하나님은 전능하셔서 다만 말씀으로 천지 만물이 있게 하셨다.
　㉢ 방대한 우주, 별들의 세계, 헤아릴 수 없다.
　 - 그 중에 지구만이 생물이 살 수 있다.
　 - 수많은 식물, 동물, 그 솜씨가 아주 기묘하다.
　㉣ 인간을 창조의 면류관, 만물의 영장으로 지으셨다.
　 - 인간은 피조물 중에서 가장 뛰어난다. 우주를 다스린다.
　 - 인간의 뇌는 어떤 컴퓨터보다 뛰어나다. 우주선도 인간의 뇌에서 나왔다.
　 - 하나님의 형상, 모양대로 지어져 하나님을 섬긴다.
　㉤ 이 하나님의 창조는 온 우주, 인류 역사의 시작이다.

② 출애굽(출12장~15장)
　㉠ 바로는 이스라엘 백성을 붙들어 두고 노예로 부리려고 하였다.

ⓒ 하나님은 10가지 재앙을 내렸다.
 하나님이 애굽의 장자를 멸하자 바로는 항복하였다.
ⓓ 이스라엘은 유월절을 지킨 후 당당하게 애굽에서 나왔다.
ⓔ 이스라엘은 하나님의 불기둥, 구름기둥의 보호와 인도를 받으면서 행군하였다.
ⓜ 이스라엘은 홍해에서 하나님이 바다가 갈라지게 하여 구원하는 체험을 하였다.
ⓗ 그들은 구원하신 하나님을 찬양하였다.
ⓢ 이 출애굽은 이스라엘 민족의 구원역사, 인류의 구원역사의 시작이다.

③ 아브라함의 출발(창12:1~9)
ⓐ 아브라함은 우상의 도시 갈대아 우르에서 살았다.
ⓑ 하나님은 아브라함에게 갈 곳은 장차 알릴 것이니 무조건 믿고 거기를 떠나라고 하였다.
ⓒ 그러면 아브라함의 자손이 큰 민족이 되고 아브라함이 복의 근원이 될 것을 약속하셨다.
ⓓ 아브라함이 복의 근원이 된다는 말은 아브라함의 자손 중에서 메시야가 나고 온 인류가 그를 통하여 복을 받을 것을 말한 것이다.
ⓔ 아브라함은 믿고 떠났다. 가나안으로 갔다. 그는 무조건 믿고 나가므로 믿음의 조상이 되었다.
ⓗ 아브라함의 출발은 이스라엘의 역사, 구원의 역사, 믿음의 역사의 시작이다.

④ 예수님의 탄생(눅2:139, 마2:1~18)

㉠ 메시야의 오심(나심)은 구약에서 수없이 예언(약속)되었다.
　– 이스라엘은 그 메시야를 기다렸다.
㉡ 예수님은 그 메시야로 베들레헴에서 나셨다.
　– 그는 하나님의 아들이 사람이 되어 오신 메시야다.
㉢ 예수님이 나셨을 때 맨 먼저 목자들이 축하하였다.
㉣ 그 후 동방 박사들이 경배하고 예물을 드렸다.
㉤ 이 후 예수님은 헤롯의 박해를 받아 애굽으로 피난가셨다.
㉥ 예수님의 탄생은 인류 구원의 시작, 신약의 시작이다.
　참된 새 역사의 시작이다.

○ 주기도를 세 번 한다.　　　　　　　○ 찬송 : 421장

(2) 2일 : **믿음의 역사**(히11:1~40)

○ 사도신경을 세 번 고백한다.　　　　　○ 찬송 :389장

① 믿음의 거장들의 역사 (1~33)
구약시대에는 경건의 거장들이 많았다. 히11장은 구약시대의 믿음의 선진(조상)들의 믿음, 경건 역사에 대하여 말씀한다. 그 분들은 오늘날 우리의 귀감이다.

○ 성경 말씀을 읽고 설명을 읽으면서 묵상한다.

㉠ 아벨(창4:1~15)
아벨의 경건은 하나님께 바른 제사를 드리고 순교한 것이다. 그는 하나님께 바른 제사를 드렸다. 그의 제사는 가인보다 더 나은 제사였다. 그는 하나님이 정한 방법대로 양의 첫 새끼와 그 기름으로 제사를 드렸다. 그것은 예수님을 예표한다. 그의 제사는 하나님의 인정을 받았다. 그러나 그는 시기하는 가인으로부터 죽임을 당하였다. 그는 믿음으로 나가다가 순교하였다. 그는 순교의 죽음으로 하나님께 가장 귀한 제사를 드렸다.

㉡ 에녹(창5:21~24)
에녹의 경건은 눈에 보이게 나타났다. 그는 하나님이 살아계신 것을 믿고, 그 하나님은 자기를 찾는 자들에게 상 주심을 믿었다. 그런 그는 언제나, 365년간 하나님과 동행하고 그 하나님을 기쁘시게 하였다. 그 결과 그는 산 채로 승천하고, 천국과 하나님 자신을 선물로 받았다.

ⓒ 노아(창6:1!8:22)

노아의 경건은 믿음으로 방주를 예비하여 구원을 받은 것이다. 그는 아직 보지 못하는 일에 경고를 받았다. 120년 후의 홍수 심판의 경고를 현실로 받아들였다. 그리하여 온갖 방해 요소를 극복하고 방주를 예비하였다. 그 결과 온 가족을 구원하고 믿음을 좇는 의의 후사가 되었다.

ⓔ 아브라함(창12:1~9, 21:1~7, 22:1~19)

아브라함은 믿음의 조상으로 성경에 나오는 가장 큰 경건의 거봉이다. 그는 하나님의 말씀에 절대 순종하여 고향을 떠났다. 그의 믿음은 행함이 있는 산 믿음이었다. 그는 나그네로 살았다. 그는 가나안을 바라보고, 천성을 바라보고 기쁨으로 장막생활을 하였다. 그는 하나님의 약속을 믿어 이삭을 받았다. 메시야의 복을 받았다. 그는 이삭을 재물로 바치는 시험을 통과하였다. 그리하여 그는 하나님의 인정과 복을 받았다.

ⓜ 이삭(창27:1~45)

이삭의 경건은 마지막까지 신앙을 잘 지킨 것이었다. 그의 신앙은 마지막에 축복한 것이 가장 두드러진 것이었다. 그는 자기의 축복기도를 하나님이 들으실 줄 믿었다. 그는 자기의 인간적인 생각을 접고 하나님의 예정(뜻)대로 복이 임하기를 원하였다.

ⓗ 야곱(창47:27~31, 48:1~22, 49:1~33)

야곱은 이스라엘의 조상으로 파란만장한 생애를 보냈다. 그의 경건도 청년시의 활동적인 것보다 임종시의 것들이 더욱 돋보인다. 그는 요셉의 두 아들을 양자로 삼아 그들(에브라임, 므낫세)에게 축복하였다. 그리하여 요셉에게 장자의 기업을 주었다. 그는 임종시까지 지팡이(침상) 머리에 의지하여 경배 드렸다.

㈇ 요셉(창41:37~45, 50:22~26)

요셉의 경건은 언제나 하나님을 모시고 하나님 앞에서 나가며, 큰 꿈을 가지고 나가는 것이었다. 그런 그는 어떤 것도 두려워하지 않았다. 그는 마지막에 죽음을 기꺼이 받아들이고, 하나님의 약속을 굳게 믿었다. 약속의 땅 가나안에 반드시 갈 줄 믿고 그 곳을 사모하였다.

㈈ 모세(출 3:1~22)

모세는 큰 수난의 때에 태어나 가장 큰 은총을 입은 자다. 모세의 경건은 주 안에서 세속적인 모든 것을 버리고, 새로운 것을 얻는 것이었다. 그는 바로의 공주의 아들로서 누릴 수 있는 모든 부귀영화를 버리고, 하나님의 백성과 함께 고난을 받고 그리스도를 위하여 능욕을 받는 길을 택하였다. 그는 그 길에서 오는 어떤 고난도 두려워하지 않았다. 이 고난의 길이 그가 새로 얻은 것이다. 그는 절대적 믿음으로 유월절을 정하고 이스라엘을 구출하였다.

㈉ 라합(수2:1~21, 6:22~25)

라합의 경건은 단순히 믿는 것이었다. 라합은 이스라엘의 승리에 대한 소문만 듣고 믿었다. 그녀는 죽는 것도 두려워하지 않고 정탐꾼을 숨겨주었다. 그녀는 구원의 약속을 순진하게 믿었다. 그리하여 이방 여인으로 예수님의 족보에 오르는 영예를 얻었다.

② 세상이 감당치 못하도다(33~40).
　'거룩한 독서'(Lectio Divina)의 방법으로 묵상한다.

　○주기도문을 세 번 한다.　　　　　　○찬송 : 397장

(3) 3일 : **인물 묵상**

세계적으로 유명한 위인들, 신앙적으로 이름난 경건한 분들을 묵상하며 본받기를 다짐함은 연초에 참으로 유익하다.

* 충북 음성 "큰 바위 얼굴 조각 공원"

56만m^2(약17만 평)에 달하는 면적, 높이 3~5m에 무게는 3~60t 정도에 이르는 세계 각국 위인들의 석상 1,000여 개를 갖춘 조각공원, 서울 여의도 공원(22만 m^2)보다 2배 이상 넓은 면적에다 그 공간을 채우는 '콘텐츠'만 놓고 보면 국내 정상급 관광지로 손색이 없다. 하지만 널리 알려지지 않은 공원이 있다. 충북 음성군 생극면 관성리에 있는 '음성 큰 바위 얼굴 조각공원'이다.

(4) 4일 : **저 높은 곳을 향하여**

○ 사도신경을 세 번 고백한다.　　　　○ 찬송 : 178장

① 성령 충만을 받으라(엡 5:15~21).

　거룩한 독서(Lectio Divina)의 방법으로 묵상한다.

② 위엣 것을 찾으라(골3:1~17).

　거룩한 독서(Lectio Divina)의 방법으로 묵상한다.

　○ 주기도를 세 번 한다.　　　　○ 찬송 : 543장

※ 밤에는 "관상으로 가는 길" (주님을 마음에 모시기 위한 단순 묵상 기도)에 따라 묵상한다.

6) 한 더위 휴식 묵상

○ 7, 8월 한 더위에는 휴식을 겸한 묵상을 한다.
○ 휴가를 그렇게 한다면 영육이 쉼을 얻을 것이다.

(1) 1일 : **음악, 그림, 영화감상** : 신앙적인 자료를 미리 준비하여 감상한다.

○ 사도신경을 세 번 고백한다.　　　　○ 찬송 : 88장

○ 자료를 미리 준비한다.
○ 조용한 장소에서 편히 쉬면서 감상한다.
○ 감상 후 주님을 깊이 생각하고 영접하는 기도를 한다.
○ 어떻게 하면 주님을 잘 나타낼 수 있을까, 높일 수 있을까 생각한다.

○ 주기도를 세 번 한다.　　　　　　　○ 찬송 : 89장

(2) 2일 : **호흡기도 – 영적 독서**

○ 사도신경을 세 번 고백한다.　　　　○ 찬송 : 364장

① 호흡기도

　※ '숨기도' 실천에 대한 성인들의 권면들

- "오 형제들이여, 당신의 골방에 들어가 마음을 정리하고 앉으십시오. 이제 숨을 깊이 들이쉰 다음 잠시 숨을 멈추고 기다리십시오. 그리고 – 주 예수 그리스도 하나님의 아들이시여, 나를 불쌍히 여기소서. – 라고 기도하며 숨을 버리십시오"('필로칼리아'에서).
- "매번 들숨과 날숨을 할 때마다 '우리 아버지' 혹은 친숙한 한 단어로 하나님을 불러 보십시오"('이냐시오 로욜라'의 영신수련에서).
- "성령과 함께 호흡하는 것을 배우십시오. 그때 우리의 영혼은 섬세한 터치와 사랑의 느낌으로 하나님의 임재를 경험할 것입니다"('십자가의 성 요한'의 '영의 노래'에서).

　※ 영으로 숨쉬기
　　(숨을 천천히 쉬면서 조용히 속으로 부르짖는다)

- 예수로 숨쉬고 – 숨을 들이실 때마다 : 예수님(성령)을 마시자 (들어오소서)(들어오신다) (들어와 계신다)
- 숨을 내쉴 때마다 : 나쁜 것(마귀, 악)을 내쉬자(나가라)(다

나간다)(다 나갔다)

• 주님의 평화
  - 숨을 들이쉬면서 : 마음에는 주님의 평화
  - 숨을 내쉬면서 : 얼굴에는 사랑의 미소
  (각각 3번 이상 하라)

② 영적 독서

• 신앙위인, 순교자의 전기 : 영적인 주제를 다룬 책, 기도에 관한 책 등을 읽는다(뒤에 있는 도서 목록을 참고 하라).

○ 주기도를 세 번 한다.　　　　　○ 찬송 : 366장

(3) 3일 : **걷기 묵상, 영적 독서**

○ 사도신경을 세 번 고백한다.　　　　○ 찬송 : 456장

① 걷기 묵상
　㉠ 밖의 여러 가지 조건을 염두에 두지 않고, 오직 움직이는 발걸음에 정신을 집중하면, 어느 사이에 마음이 가라앉아서 우울한 기분이 없어지고, 험한 길바닥이 험하게 느껴지지 않아서 아무런 저항감을 갖지 않게 되니, 따라서 마음도 쾌적해진다.
　㉡ 천천히 걷는다. 걸으면서 심호흡을 한다. 숲 속 같은 한적한 코스가 좋다. 자연을 감상하면서 한다. 잡념이 사라지고 좋은 생각들이 떠오른다.
　㉢ 계속 걸어가면서 주님께로 내 마음을 집중한다. 주님이 우리를 구원하기 위하여 세상에 오시고, 고생하시고, 십자가에 못 박혀 죽으신 것을 생각한다. 십자가를 지고 골고다로 올라가 십자가에 못 박혀 죽으시면서 하신 말씀을 생각한다.

② 영적 독서

○ 주기도를 세 번 한다.　　　　○ 찬송 : 469장

(4) 4일 : **예수기도, 영적 독서**

○ 사도신경을 세 번 고백한다.　　　　○ 찬송 :338장

① 예수기도

우리는 계속 기도해야 되는데, 어떻게 하면 쉬지 말고 기도할 수 있을까? 그 대안으로 나온 것이 "예수기도"다. 이 기도의 주장자는 그레고리 팔라마노이며, "이름 없는 순례자"는 이 기도를 실행하여 큰 평안을 얻었다.

이 기도는 "주여, 나를 불쌍히 여기소서"(눅18:13) 한 세리의 기도를 발전시킨 것이다. 그 방법은 나이스포루스가 제시하였다.

㉠ 가슴 위에 턱을 쉬게 하고, 눈은 배꼽(마음, 하나님의 자리)을 본다.
㉡ 평안히 앉아서 호흡의 리듬을 느리게 조정한다.
㉢ 내적인 눈은 마음의 자리에 초점을 맞춘다. 하나님을 바라본다.
㉣ 그리고 숨을 들이쉬면서 "주여", 내쉬면서 "나를 불쌍히 여기소서" 한다.

그런데 이 기도는 중대한 4가지 의식이 있다. 깊은 신학이 있다.

㉠ 예수 이름 자체에 능력을 인정한다. 그 이름은 기적을 행하고 악귀, 질병을 물리치는 능력이 있다. 그래서 그 이름에 경외를 표하고 헌신한다.
㉡ 참회의식을 가진다. "나를 불쌍히 여기소서. 나는 죄인이로소

이다." 죄인임을 자각하면서 깊이 회개한다. 하나님의 불쌍히 여김만 살길임을 고백한다.
ⓒ 거듭되는 반복훈련이다. 계속하면 나중에 습관이 되고, 무의식적으로 하게 된다. 잡념이 사라지고 기쁨, 평안이 생긴다.
ⓐ 내적 침묵의 세계로 들어간다. 계속하다 보면 내적 침묵의 세계로 들어가게 되고, 그 내적 침묵을 통하여 우리의 마음의 가장 깊은 곳에 들어가, 그 곳에 계시는 하나님을 만난다. 그리하여 헤지키아를 얻는다.

② 영적 독서

○ 주기도를 세 번 한다.　　　　　　○ 찬송 : 361장

※ 밤에는 "관상으로 가는 길" (주님을 마음에 모시기 위한 단순 묵상 기도)에 따라 기도한다.

※ 영적 도서

- 가르멜의 산길 – 십자가의 성요한 / 바오로딸
  - 갈보리 언덕 – 로이 헤숀 / 기독교문서선교회
  - 그리스도를 본받아 – 토마스 아켐피스
  - 기도 – 리챠드 포스터 / 두란노
  - 기도 – 제임스 휴스턴 / IVP
  - 기도로 세계를 움직이라 – 웨슬리 듀웰 / 생명의말씀사
  - 기독교 영성사 – 브래들리 홀트 / 은성
  - 기독교 영성 입문 – 로원 월리암스 / 은성
  - 깊은 영성으로 나아가는 길 – 최봉기 / 예영
  - 내 마음 그리스도의 집 – 로버트 멍어 / IVP
  - 내면세계의 질서와 영적성장 – 고든 맥도날드 / IVP
  - 놀라운 하나님의 은혜 – 필립얀씨 / IVP
  - 느리게 산다는 것의 의미 – 피에르 쌍소 / 동문선현대신서
  - 듣는 기도 – 린 페인 / 죠이선교회
- 마음을 열고 가슴을 열고 – 토마스 키팅 / 카톨릭출판사
- 무지의 구름 – 클리프턴 월터스 편저 / 바오로딸
  - 미움이 있는 곳에 사랑을 – 이동원 / 나침반
  - 사슴이 시냇물 사모함 같이 – DM로이드 존슨 / 새순출판사
  - 상처입은 치유사 – 헨리 나우웬 / 두란노
- 새 명상의 씨 – 토마스 머튼 / 가톨릭출판사
  - 생수의 강 – 리챠드 포스터 / 두란노
  - 숨겨진 상처의 치유 – 정태기 / 규장
  - 신도의 공동생활 – 디이트리히 본훼퍼 / 대한기독교서회
  - 신앙고전 52선 – 리챠드 포스터 / 두란노

○십자가의 성 요한의 영성 - 후안 카트레뜨 / 카톨릭출판사
○어둔 밤 - 십자가의 성요한 / 바오로딸
　영성에도 색깔이 있다 - 겔리 토마스 / CUP
　영성 훈련 - 달라스 윌라드 / 은성
　영적 발돋움 - 헨리 나우엔 / 두란노
　영적 훈련과 성장 - 리챠드 포스터 / 생명의말씀사
　영혼을 생기나게 하는 영성 - 브루스 디마레스트 / 쉴만한물가
○영혼의 성 - 예수의 테레사 / 바오로딸
　예수라면 어떻게 할 것인가? - 챨스 쉘돈 / 예영
　이렇게 기도하라 - 이동원 / 나침반
　조용한 혁명을 일으키는 성경암송 - 강준민 / 두란노
○집중기도와 관상여행 - 칼 아리코 / 은성
○칠층산 - 토마스 머턴 / 바오로딸
　침묵의 영성 - 웨인 오츠 /아침영성지도연구원
○하나님과 친밀 - 토마스 키팅 / 바오로딸
　하나님을 감동시킨 사람의 기도 - 이동원 / 나침반
　하나님의 모략 - 달라스 윌라도 / 복있는사람
　하나님의 음성 - 달라스 윌라도 / IVP
　하나님의 임재 연습 - 브라더 로렌스 / 두란노
　하나님의 체험과 영성수련 - 유해룡 / 장로회신학대학교출판부

〈 ○표는 비판적으로 읽어야 한다.〉

4. 8일간의 묵상
(매일 오전, 오후 2회)
(매회 시작 전 별지의 묵상 순서를 가진다. 1시간)

별지1 : 1, 2일, 2일에 1~2일 전체
별지2 : 3, 4일, 4일에 1~4일 전체
별지3 : 5, 6일, 6일에 1~6일 전체
별지4 : 7, 8일, 8일에 1~8일 전체

전체를 할 시는 아주 간략하게 한다.

- 그 후 순서에 따른 묵상 안내지로 묵상 한다.
- 4일간 순서에서 매일 절반씩 택하여 시간을 늘린다. 2시간
- 마친 후 30분간 찬송한다.

※ 밤에는 "관상으로 가는 길" (주님을 마음에 모시기 위한 단순 묵상 기도)에 따라 기도한다.

5. 14일간의 묵상
(전후는 8일간의 묵상과 같이 한다.)

순서 :

(①②) ③ 등산 (④⑤) ⑥ 성경쓰기, 찬송 부르기
(⑦⑧) ⑨ 도우기
(⑩⑪) ⑫ 전체의 묵상 ⑬ 성경쓰기, 찬송 부르기
⑭ 하나님을 찾아서

- ①②④⑤⑦⑧⑩⑪일은 8일간의 1~8의 순서에 따른다.
- 등산, 성경쓰기, 찬양 부르기, 도우기 등은 3, 4일간의 특수 묵상 중 (2) 예수님의 고난 묵상서 한대로 한다.
- "전체의 묵상"은 그리스도의 생애 전체의 묵상을 말한다.
- "하나님을 찾아서"는 "관상에 이르는 법"에 따라서 하나님께로 나아간다.

※ 밤에는 "관상으로 가는 길" (주님을 마음에 모시기 위한 단순 묵상 기도)에 따라 묵상한다.

영취산 진달래

부 록

바위 틈서 나온 소나무 2

1. 성령의 역사와 악령의 역사

"사랑하는 자들아 영을 다 믿지 말고 오직 영들이 하나님께 속하였나 시험하라"(요일 4:1).

은혜를 사모하고 기도하는 성도에게 성령의 역사가 일어난다. 성령충만한 은혜가 임하고 따라서 역사가 나타나게 된다. 그러나 한편 악령도 일어나서 성도를 유혹하여 역사를 하게 된다.

그러한 악령의 역사는 주로 신앙 경험이 얕고 성경 지식이 부족한 자들에게서 많이 일어난다. 그런데 이 악령의 역사는 성령의 역사를 가장하여 나타나기 때문에 믿음이 약한 자들은 분간하기가 어렵다. 그래서 "영을 다 믿지 말고 영들이 하나님께 속 하였나 시험하라" 했다.

그러면 성령의 역사와 악령의 역사는 어떻게 분간할 수 있는가?

1) 성령의 역사는 성경적이나 악령의 역사는 비성경적이다.

우리의 신앙의 근거 및 표준은 성경이다. 우리는 성경을 통하여 하나님을 알고 그 성경대로 하나님을 믿는다. 그리고 모든 성경은 성령의 감동으로 된 것으로 성령은 반드시 성경을 통하여 역사한다. 성경의 내용과 일치하게 역사하신다.

그러므로 아무리 산기도, 금시기도를 40일 아니라 400일을 하고서 직접으로 하나님, 예수님, 성령님과 대화를 나누고 직통계시를 받았다고 큰 소리를 쳐도 성경에 맞지 아니할 때, 이는 거짓 영이요, 악령인 것이다.

그래서 성령의 말씀은, " 내가 이 책의 예언의 말씀을 듣는 각인에게 증거 하노라. 만일 누구든지 이것들 외에 더하면 하나님이 이 책에 기록된 재앙들을 그에게 더하실 것이요, 만일 누구든지 이 책의 예언의 말씀에서 제하여 버리면 하나님이 이 책에 기록된 생명나무와 및 거룩한 성에 참여함을 제하여 버리시리라"(계22:18,19)고 하였다.

2) 성령의 역사는 그리스도를 증거함이 그 목적이나, 악령의 역사는 다른 것을 증거함이 그 목적이다.

영을 분별하는데 가장 중요한 것은 기독관에 관한 것이다. 바른 기독교관을 가지고 그리스도를 증거 할 때 성령의 역사이며, 그렇지 못할 때 악령의 역사이다.

그래서 사도 요한은 " 하나님의 영은 이것으로 알지니, 곧 예수 그리스도께서 육체로 오신 것을 시인하는 영마다 하나님께 속한 것이요, 예수를 시인하지 아니하는 영마다 하나님께 속한 것이 아니니, 이것이 곧 적그리스도의 영이니라, 오리라 한 말을 너희가 들었거니와 이제 벌써 세상에 있느니라"(요일4:2)고 하였다.

성령으로 말하는 자는 예수 그리스도께서 성경대로 동정녀에게서 태어나시고, 십자가에 못 박혀 죽으시고, 사흘 만에 무덤에서 부활하셨고, 또 승천하셔서 하나님의 보좌 우편에 앉아 계시다가 재림하실 구주임을 전한다.

그러나 악령으로 말하는 자는 그런 내용을 부인한다. 오히려 자신을 구주로, 어린양으로 주장하거나, 예수를 이상한 예수로 만들어 가르친다. 우리 한국에서 그런 자들이 너무 많다. 우리는 그런

자들을 배격해야 한다.

3) 성령의 역사는 인격적이며 자주의식을 통해 나타나나, 악령의 역사는 그렇지 못한 경우가 대부분이다.

성령의 역사는 각 사람의 마음속에서 그 개인의 인격, 성품, 지식, 재주 등을 그대로 두시면서 오히려 이용 하시면서 일어난다. 그래서 이사야, 예레미야, 에스겔, 오순절의 제자들, 성경에 나타나는 모든 인물들은 모두가 인격적이었고 자주 의식을 가지고 일하였다.

바울이나 베드로가 같은 성령을 받아 활동했으나, 그 봉사의 성격이나 양상이 아주 달랐던 것이다. 그들이 기록한 성경은 다 독특성을 가지고 있다.

그러나 악령은 대체로 개인의 인격이나 자주의식을 말살해 버리고 개인을 하나의 도구로 만든다. 그래서 악령이 들어와 접하게 될 때 자기도 모르는 예언, 방언 등을 한답시고 소란을 피운다. 마치 신접한 무당처럼 벌벌 떨고 점을 치기도 한다.

이러한 모든 현상은 성령의 역사가 아니다. 아무리 우리 눈에 기이하고 신통한 경우가 있어도 다 악령의 역사이다.

4) 성령의 역사는 성령의 열매를, 악령의 역사는 악령의 열매를 맺는다(그 열매를 보고 그 나무를 안다).

예수님께서는 말씀하시기를, "거짓 선지자들을 삼가라. 양의 옷을 입고 너희에게 나아오나 속에는 노략질하는 이리라. 그의 열매로 그들을 알지니, 가시나무에서 포도를 또는 엉겅퀴에서 무화과를 따겠느냐? 이와 같이 좋은 나무마다 아름다운 열매를 맺고 못된 나무가 나쁜 열매를 맺나니, 좋은 나무가 나쁜 열매를 맺을 수 없고 못된 나무가 아름다운 열매를 맺을 수 없느니라. 아름다운 열매를 맺지 아니하는 나무마다 찍어 불에 던지우느니라. 이러므로 그의 열매로 그들을 알리라"(마 7:15~20)고 하셨다.

아무리 놀라운 체험을 하고 또 영감을 얻었다 할찌라도 그 열매가 하나님의 말씀과 성령의 열매에 어긋나면 그것은 결코 하나님께로서 오신 성령의 역사는 아닌 것이다.

예수님은 또 말씀하시기를 "우리가 주의 이름으로 선지자 노릇하며, 주의 이름으로 많은 권능을 행치 아니하였나이까? 하리니, 그때에 내가 저희에게 밝히 말하되, 내가 너희를 도무지 알지 못하니, 불법을 행하는 자들아, 내게서 떠나가라 하리라"고 하셨다(마 7:22,23).

그러면 성령의 역사로 맺어지는 열매는 어떤 것들인가?

(1) 복음 전파의 열매이다.

성령의 역사는 먼저 복음전파로 나타난다. 반드시 전도의 열매가 맺어진다. 그것은 기독교의 역사가 증명한다. 만일 일을 한다고 하면서도 전도는커녕 오히려 사람들을 낙심하게 만든다면 그것은 틀림없이 악마의 역사이다.

(2) 충성, 봉사의 열매이다.

성령 충만을 받은 자들은 말없이 충성, 봉사하여 교회의 밑거름이 된다. 주의 영광을 위하여 시간, 물질, 재주를 바치게 된다. 그러나 악령의 조종을 받는 자들은 충성, 봉사하지 않는다. 자기 자랑이나 하며 교만해진다. 항상 자기 유익을 앞세우며 말썽만 부린다.

(3) 도덕적 열매이다.

성령의 충만을 받은 자들은 도덕적인 열매를 맺게 된다. 점차 거룩한 생활로 나가게 된다. 사도 바울은 "오직 성령의 열매는 사랑과 희락과 화평과 오래 참음과 자비와 양선과 충성과 온유와 절제니, 이 같은 것을 금지할 법이 없느니라. 그리스도 예수의 사람들은 육체와 함께 그 정과 욕심을 십자가에 못 박았느니라"(갈5:22~24)고 하였다.

"오직 위로부터 난 지혜는 첫째 성결하고, 다음에 화평하고, 관용하고, 양순하며, 긍휼과 선한 열매가 가득하고, 편벽과 거짓이 없나니, 화평케 하는 자들은 화평으로 심어 의의 열매를 거두느니라"(약3:17~18)고 하였다.

그러나 마귀의 조종을 받는 자들은 부도덕하게 된다. "육체의 일은 현저하니, 곧 음행과 더러운 것과 호색과 우상 숭배와 술수와 원수를 맺는 것과 분쟁과 시기와 분냄과 또 그와 같은 것들이라. 전에 너희에게 경계한 것 같이 경계하노니, 이런 일을 하는 자들은 하나님의 나라를 유업으로 받지 못할 것이요"(갈 5:19~21)라고 하였다.

야고보는 "그러나 너희 마음속에 독한 시기와 다툼이 있으면 자랑하지 말라. 진리를 거스려 거짓하지 말라. 이러한 지혜는 위로부터 내려온 것이 아니요, 세상적이요, 정욕적이요, 마귀적이니, 시기와 다툼이 있는 곳에는 요란과 모든 악한 일이 있음이니라"(약3:14~16)고 하였다.

성령으로 움직이는듯이 하면서 음행, 사기, 도둑질, 살인 등을 저지르는 모든 이단들은 다 악마의 하수인들이다. 오직 성령의 인도를 받는 자는 신령한 생활을 한다.

2. 영이신 하나님을 보려고 하지 말라.

로마 캐토릭의 최고 신비가 십자가의 요한은 "가르멜의 산길"이라는 책을 썼다. 그는 거기서 가장 영적인 것들을 논하는 중에 "영이신 하나님을 보려고 하지 말라"라고 길게(450쪽 중 100여 쪽) 논하였다. 이것은 참으로 뜻 밖이다. 여기에 그것을 요약한다.

(1) 하나님은 순수 영이시다. 모양으로 보일 수 없다.
(2) 혹 보인 상은 실재가 아니다. 상징일 뿐이다.
(3) 그러니 보려고 하지 말라. 상징으로도 보려고 하지 말라.
　① 대부분 거의 다가 마귀로부터 온다. 분별하기 어렵다.
　② 하나님이 보여 주시는 것도 해석이 어렵다.
　　　잘못 해석해서 손해 보기 쉽다. 영적 교사가 필요하다.
　③ 그 결과 하나님을 오해하고 멀리하기 쉽다.
　④ 어떤 형상을 보기를 즐기면 말씀 위주의 신앙이 안 된다.
　⑤ 영적 교만이 생겨 다른 사람을 무시하기 쉽다.
(4) 하나님은 자기를 알리는 수단으로 성경과 자연을 주셨다.
(5) 하나님은 그것으로 만족하시지 않고
　거기에 대한 형상을 보기를 원하는 자를 노여워하신다.
(6) 우는 아이에게 장난감을 주듯이 어린 신자에게는 다소 보여 주신다.
(7) 그러나 성숙된 신자에게는 잘 보여주시지 않는다.
(8) 그러니 묵상, 관상기도로 마음을 청결히 하여 하나님을 만나고 보고 교제하라.

3. 관상적인 삶과 활동적 삶의 조화
― 새로운 삶으로 열매를 ―

1) 최고의 모범 예수 그리스도

예수님은 모든 면에서 우리의 모범이시다. 그는 특히 묵상, 관상 기도에서도 최고의 모범이시다. 예수님의 삶에서 그와 아버지의 친밀함보다 더 인상적인 것은 없다 기도는 예수님의 삶을 계속 누비고 있다 주님은 세례를 받으실 때 기도하셨다(눅3:21). 제자를 택하실 때 홀로 산으로 가서 밤이 맞도록 기도하셨다(눅6:12). 병든 많은 사람들을 고치시고 많은 귀신들을 쫓아내시느라 피곤해도 새벽 오히려 미명에 한적한 곳으로 가서 기도하셨다(막 1:35).

주님이 베드로. 야고보. 요한을 데리시고 기도하러 산에 있을 때 변형되는 체험을 하셨다(눅9:28~29). 예수님은 기도와 처절한 고독의 시간을 습관적으로 가지셨다(눅5:16). 성령의 인도로 40일간 광야로 가셨다(마4:1). 세례 요한이 목 베인 소식을 들으시고 떠나사 따로 빈들에 가셨다(마14:13). 이적으로 5,000명을 먹이신 후 바로 기도하러 따로 산에 올라가셨다(마14:23).

예수님의 기록된 기도 중 가장 절박하고 친밀한 기도는 그의 대제사장적 기도이다. 그 기도에서 예수님은 아버지께 그의 마음을 드렸다(요17:20). 물론 예수님의 기도생활과 하나님 아버지와의 친밀한 관계에 대하여 말할 때 그 절정은 겟세마네 동산의 기도이다. 주님은 핏방울과 같은 땀을 흘리시며 기도했다.

주님의 "이 잔을 내게서 옮기시옵소서"라는 번민에 가득 찬 기

도는 "내 원대로 마옵시고 아버지의 원대로 되기를 원하나이다"라는 기도로 완성되었다(눅22:42)
 예수님은 종종 거치른 광야로 가시고, 기도로 사시며 일하시고, 아버지의 말씀과 행하신 일을 듣고 행하시므로 완전한 묵상, 관상의 세계를 몸소 보여주셨다. 그의 기도는 새로운 삶으로 이어져 열매를 맺았다. 그 절정이 십자가 위에서의 죽음이다. 그는 관상적 삶과 활동적 삶의 조화를 이루고 일치 시킨 최고의 모범자이시다.

2) 프란치스코

 프란치스코는 13C에 이태리의 아시시에서 활동한 기독교 2천년 역사의 최고 성자이다. 그는 성육신하신 그리스도의 삶을 이 역사 속에서 가장 잘 실천한 사람 중의 하나다. 그는 나사렛 예수 그리스도를 본받으려고 일생 동안 몸부림치던 사람이다. 그의 최고의 목표는 예수 그리스도의 모범에 한층 더 접근하려는 끊임없는 갈망과 노력이었다. 그 목표를 위해 그는 잠시도 쉬지 않았다. 그는 예수를 향한 쉬지 않는 돌진을 계속했다.
 그런데 그리스도의 삶을 한 마디로 요약하면 관상적인 삶(Conte-mplative life)과 활동적인 삶(Active life)의 조화이다. 프란치스코가 바로 이 두 가지 삶을 훌륭하게 하나의 통일된 삶으로 조화시킨 사람이다.
 프란치스코는 사물은 흔적(vestage)이고, 사람은 하나님의 형상(image)이라고 했다. 그리고 이 두 가지를 잘 연결시켜 하나님께 이르는 길을 제시했다. 프란치스코는 자연을 아주 좋아하였다. 그는 "나와 그것(자연)"(I and It)의 관계에서 그것을 대상이나 수단으로 보지 않고 하나님의 흔적으로 보았다. 그는 관상적 삶을 통해 자연이 하나님의 피조물(흔적)임을 깨닫고, 그것이 하나님을 찬양함을 깨달았다.

그리고 그는 인간을 매우 사랑하였다. 그는 "나와 당신(인간)"(I and You)의 관계에서 인간을 수단이나 고객으로 보지 않고 하나님의 형상으로 보았다. 그는 관상적 삶에서 활동적 삶으로 나아갔다. 그는 활동적 삶을 통해 인간을 사랑하고 섬겨야 할 것을 깨달았다. 그리고 그는 이 두 가지가 잘 되어 조화를 이룰 때 그것이 바로 하나님께 이르는 길임을 깨달았다. 그는 그것을 몸소 실천하여 우리에게 보여주었다.

프란치스코는 모든 유산을 다 팔아 가난한 자들에게 나누어주고 자신은 거지로 살았다. 모든 소유를 포기하고 걸식하였다. 이것은 단순은 고행이 아니라 그리스도를 철저하게 닮기 위함이었다. 자연을 보면서 하나님의 흔적을 느끼고 아주 사랑하였다. 그 자연을 깊이 관상하면서 하나님을 보고 찬양하게 되었다. 그리고 그는 거기서 멈추어 있지 않고 밖으로 나와 사람들을 사랑하였다. 그는 원수도 사랑하여 개종시키려고 애썼다. 그는 이러한 삶을 통하여 그리스도를 닮고 하나님과 함께 하는 삶을 살았다.

음유시인 프란치스코가 즐겨 부른 두 노래는 그의 두 삶을 극명하게 보여준다.

태양의 노래 (수도자의 정신-관상적 삶)

지극히 높으신 주
전능하시고 착하신 하나님!
한없는 찬송 영광과 존귀와 모든 축복은
홀로 당신만이 받으시기에 합당하나이다.
주님의 지존하신 이름을 부르는 일조차
이 세상에 그 누가 감당할 자 있으리이까?
오! 나의 주님
만물들이 당신께 찬송을 드리나이다
주님의 지존하신 이름을 부르는 일조차
이 세상에 그 누가 감당할 자 있으리이까?
오! 나의 주님
만물들이 당신께 찬송을 드리나이다.
보시옵소서. 우리 형제 저 우람한 태양의 찬송을
온누리에 대낮을 주관하는 태양
우리 하나님이 바로 그를 통해 우리를 비추고 계시는 것
오! 태양은 너무 눈부셔
얼마나 찬란한 빛을 발하고 있는지요.
지극히 높으신 주여
태양이야말로 바로 당신의 모습이니이다.

평화의 노래(사도의 정신-활동적 삶)

주여, 나를 평화의 도구가 되게 하소서
미움이 있는 곳에 사랑을
분열이 있는 곳에 일치를
어둠이 있는 곳에 광명을
자기를 줌으로써 받고
자기를 잊음으로써 찾으며
용서함으로써 용서받고
죽음으로써 영생으로 부활하리니….

4. 금욕(금식)

　금욕적 행동은 중세에 많았다. 금욕을 부정적으로 보는 견해가 강하다. 육신을 괴롭히기 위해서나, 내세우기 위해서 금욕한다면 잘못이다. 그러나 보다 더 주님을 따르고 기도하기 위해서 금욕을 한다면 경건에 매우 유익하다. 사실 지금 우리에게는 금욕이 너무 부족하다.

　금욕 중에서 금식이 가장 쉽게 할 수 있는 것이다. 우리는 금식함으로 우리의 욕망을 죽이고, 자신의 약함을 깨달으며, 가장 순수하고 단순한 마음으로 하나님을 향하여 나아갈 수 있다. 하나님을 강하게 의지하고 간구할 수 있다.

　금식할 때 남에게 나타나지 않도록 세심한 주의를 기울여야 한다. 그리하여 오직 하나님 앞에서 하는 금식이 되게 해야 한다. 그리고 건강에 유의하여 적당하게 해야 한다. 물을 마셔야 한다. 마친 후에 음식을 잘 취해야 한다. 그래야 영육에 유익하다.

5. 관상 송 (CONTEMPLATION SONG)

주여 주 예수여

주여 우리를 불쌍히 여기사

주여 우리를

Christe Jesu lumen cordium

십자가 2

Choi Ji-Ho

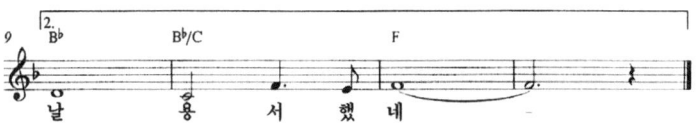

*구원했네, 살리셨네

주를 찬양하나이다

Adoramus te o Christe

우 - - 주 를 찬 양 하 나 이 다

우 - - 주 를 찬 양 하 나 이 다

＊경배하나이다, 사랑하나이다

경건에 이르기를 연습하라

	전용복 지음
초판 1쇄 인쇄	2008년 8월 25일
초판 1쇄 발행	2008년 8월 30일
발행처	도서출판 세줄(등록번호 2-4000)
	서울시 중구 인현동 1가 111-6
	☎ 02)2265-3749
총 판	선교횃불 ☎ 02)2203-2739
	FAX. 2203-2738
저자 연락처	055)972-3012

값 6,000 원
ISBN 978-89-92211-13-0   03230